多感な時期に読みたい
100冊

金原瑞人[監修]

すばる舎

まえがき

『12歳からの読書案内』（二〇〇五年）、『12歳からの読書案内　海外作品』（二〇〇六年）、『とれたて！　ベストセレクション　12歳からの読書案内』（二〇〇九年）と続いてきたこのシリーズ、三冊それぞれに特徴があって、また執筆者も違っていて、さらにその時代の色も出ていて面白いと思う。

そしてこの『12歳からの読書案内　多感な時期に読みたい１００冊』（二〇一七年）を出版することになった。基本的に、二〇〇〇年以降二〇一〇年までに出版されたもののなかから選りすぐった、ヤングアダルトのためのベスト・ブック・ガイドだ。これまでに出た『12歳』シリーズ三冊で取り上げたもののなかから三十二作品を残し、それに六十八作品を足して百作品の紹介文を集めた。どんなに紹介したくても、選書時に絶版になっているものは、今回あきらめることにした。

いってみれば、執筆者がぜひ読んでほしいと思っていて、さらに長い間読み継がれてきたものを集めたわけで、まさに「ベスト・オブ・ザ・ベスト」。海外の作品もあれば、日本の作品もある。十一年間に出版された膨大な数の本からピックアップした素晴らしい作品の数々、どうか読んでみてほしい。

考えてみれば、二〇〇一年、アメリカで9・11があり、イラク戦争があり、アフガニスタン紛争が勃発し、テロが頻発し、ヨーロッパだけでなく、多くの国々で右傾化が進み……と、二十一世紀になって世界はいやな方向に進んでいる。日本もそういう流れに飲みこまれつつある。そんななか、タリバンの銃弾に倒れたマララ・ユスフザイさんが一命をとりとめ、ノーベル平和賞を受賞したニュースに感動した人は少なくないと思う。彼女が夢見ている世界を想像するだけで希望がわいてくる。

世界はいま、想像することを忘れかけているのかもしれない。痛めつけられ、虐げられた人の気持ちや、怒り悲しむ人の気持ち。逆境のなかであえぎながらもだれかを愛そうとする人の気持ちや、命がけで大切なものを守ろうとする人の気持ち。そしてまた、平凡な日常生活のなかで暗く落ちこんでいる人の気持ちや、社会に溶けこむことのできない不器用な人の気持ち。そういうたくさんの気持ちが想像できなくなっているのかもしれない。

想像すること、それを本は教えてくれる。楽しくてページをめくる手がとまらない本もあれば、読んでいてつらくなる本もある。ファンタスティックな冒険にいざなってくれる本もあれば、容赦なく現実をつきつけてくる本もある。なぐさめてくれる本、挑発してくる本、考えさせる本、知らなかった世界を教えてくれる本、新しい見方に気付かせてくれる本。いろんな本がある。しかしどんな本も、読書はまず想像するところから始まる。愛する人であれ、いやな人物であれ、敵であれ、味方であれ、とにかく相手のことを想像することを本は教えてくれる。

「想像力は死んだ。想像せよ」（サミュエル・ベケット）

二〇一七年四月二十一日

金原瑞人

目次

1章 毎日が葛藤の連続だから 一歩踏み出す勇気をくれる本

2章

とにかく面白い本を読みたい！

空想の世界に羽ばたける本

ファンタジーの世界をぞんぶんに味わえる！

ファンタジーの名手による傑作

異色の舞台設定にハマる！

すぐ隣にある異世界とは？

3章

試練を乗り越える力をくれる本

不条理な世界で、どう生き抜く？

4章 じっくり読んで自分を深める本

根源的な問いを持つ

5章

答えはひとつじゃない！
新しいものの見方に触れる本

いのちの重みに気づく本

視野が広がる

児童文学の読み方が変わる！

6章 ことばの力に感化される本

こころの深いところがジンとする

詩、短歌に親しみがわく

詩に触れる

短歌を味わう

装丁――こやまたかこ
レイアウトデザイン――草田みかん

1章

毎日が葛藤の連続だから
一歩踏み出す勇気をくれる本

BEST SELECTION

周りを見渡せば「自分らしく」がラクになる！

書名――『ハッピーノート』

著者――草野たき

本の紹介

友達、家族、気になる男の子。十二歳の日々はいろいろと大変だ。誰もが体験するような、日常生活で起こるつまづきや戸惑いがていねいに描かれている。悩める子供たちに、一歩踏み出す勇気をくれる一冊。

福音館文庫　2012年11月（650円＋税）

【著者紹介】

神奈川県出身。1999年、『透きとおった糸をのばして』で講談社児童文学新人賞を受賞。2001年、同作で児童文芸新人賞を受賞。2007年、『ハーフ』で日本児童文学者協会賞を受賞。

本からの MESSAGE

聡子（さとこ）は嘘（うそ）をつくことがいけないことだなんて、全然思っていない。だって、こういう嘘（うそ）はついてもいい嘘（うそ）だから。うまく泳げないときにつかう、ビート板みたいなものだって、思ってるから。

十二歳は大変だった。「自分らしく」って、どうしてこんなにも難しいのだろう。人に合わせることとも、自分を押し通すこととも違う。息苦しい毎日だ。学校や塾にクラブ活動、家族や友達とのかかわり。「所属」する場所は本当にたくさんあるのに、どれも自分の居場所じゃないみたいな違和感。どうしてこんな気持ちになるんだろう。自分のことを、誰も本当には理解してくれない。友達や家族とうまくやれない自分のことが、なんだか本当の私でない気さえしてくる。孤独や不安、言葉にならないもどかしさ。そんなものが心にぐるぐる渦巻いて、いつも胸のあたりがいっぱいだった。「私、どうやってここを抜け出して、どんな風に大人になったんだっけ?」その答えが知りたくて、『ハッピーノート』を読みはじめた。

聡子は十二歳の女の子。閉塞感を感じる毎日の中で、唯一楽しみにしているのは、想いを寄せている同じ塾の霧島くんと過ごす時間。五年になって、ひょんなことから塾の帰りに霧島くんとドーナツ屋で一緒に勉強するのが定番になった。だけど霧島くんは、塾にいる間は口をきいてくれない。自分と一緒にいるのを知られるのは恥ずかしいのだろうか。悶々とする聡子だが、苦手科目を克服できるように二人ではじめた交換ノートに「ハッピーノート」と名付け、幸せになることを願うのだった。

決して不幸なわけではない。両親に大事にしてもらっているとは思うし、学校でいじめられているわけでもない。なぜ、こんなにも心が痛いんだろう。周りの目が気になるのに、見渡せずに世界は内に内に向かっていってしまう。

しかし、冷静に自分の周りを見渡したとき、気づくのだ。マイペースで自分を振り回すリサ、うっとおしいと思っていたのり子、のり子が嫌で離れていた世津、そして霧島くんのこと。自分はちゃんと見えていたのだろうか。本当の自分が出せていないのは自分だけではないのだ。一つずつ受け止め、視野を広げることで見方が変わり、父親や母親とも柔軟に関わっていけるようになっていく。世の中と繋がりができることで、「十二歳」は少しづつハッピーになるのだ。少し、目線をあげて歩いていこう。そんな気持ちになる作品だ。

（兼森理恵）

BEST SELECTION

中学生の今が、ここにある！

書名――『アナザー修学旅行』
著者――有沢佳映

本の紹介
それぞれの事情から修学旅行に行けなかった六人と保健室登校の一人。普段は決して接点がなさそうな七人は同じクラスで代替授業を受けることになる。何が起こるわけでもないがきっと忘れることのない三日間。等身大の中学生の物語。

講談社　2010年6月（1300円＋税）

【著者紹介】

1974年生まれ。昭和女子大学短期大学部卒業。『アナザー修学旅行』（講談社）で第50回講談社児童文学新人賞。『かさねちゃんにきいてみな』（講談社）で第24回椋鳩十児童文学賞、第47回日本児童文学者協会新人賞受賞。

本からの MESSAGE

―結構しゃべって、結構一緒に笑ったけど、私たちは今も、たぶん、友達じゃない。にしても、眠い。

私は黒板の上の、見慣れた時計を見上げた。

こうしてると、三日間が夢だったみたいな気さえする。

別に、お寺が見たいんじゃない。みんなと朝も晩もずっと一緒に過ごし、夜通ししゃべったり、テンション上がって告白しちゃったり。そんなことが起きるかもしれなかった修学旅行。しかし、足を骨折してしまい、楽しみにしていた修学旅行に行かないかわりに三日間の代替授業を受けることになった佐和子。そこに集まったのは、自分とは何の接点もない、普通だったら友達になる可能性もない六人。事情は様々だが、「修学旅行に行けなかった」という共通点だけで集められた彼らは、保健室登校をしている秋吉も加えた七人で、三日間の代替授業を共に過ごすことになる。

物語は彼らのたわいのない会話と佐和子の語りでテンポよく進んでいく。それが、本当に見事なまでの中学生感！　読みながら一気に教室の中に連れ戻されてしまう。この感覚、懐かしい！

「好感度下がるから、普段口には出さないけど、私は自分のこと、まあまあ気に入ってる」

「それでも、圧倒的キレイさとか賢さとか大人っぽさとかを目の当たりにすると、自分が、ちょっと、ちっぽけに思える瞬間がある」

とか、本当にリアルだ。

「小六の時中学がこわかった」なんて言えてしまうような、まだまだ子供の彼らだが、同時にとても冷めた大人の視点も持っている。

「誰かに気まぐれに、ちょっと気に入らないって思われただけで、世界が台なしになるってこと、あるんだって知った」

「愛情を確信して育つと、こんなに自然にみんなに好かれる人間が出来上がるんだなあって」

子供たちは実にいろいろなことを理解している。大人より言葉を知らなかったり、経験値が足りないのでうまく説明できないだけだ。それが自分の言葉になり始めるのが、この年代なのではないだろうか。この達観具合もまた、中学生なのだ。

とりたてて、何が起きるわけでもない三日間。彼らは、そこから何が始まるわけでもなく、それぞれの日常に帰っていく。

「昨日のことを、今日のことを、思い出なんて言わない」そう、きっぱり言えたあの頃。中学生の今しか感じられないことをぜひ味わってほしい。

（兼森理恵）

BEST SELECTION

凛とした弓道の空気。伝わってきます。

書名――『たまごを持つように』
著者――まはら三桃(みと)
本の紹介
北九州の中学校で弓道部に所属する三人。同時に始めたものの、抜きんでた才能であっという間に上達する実良(みら)。褐色の肌を持ち、ハーフの春は唯一の男子。なにをしても不器用な早弥(さや)。三人のそれぞれの「弓道」を描く。

講談社　2009年3月（1400円+税）

【著者紹介】

福岡県生まれ。2005年「オールドモーブな夜だから」で第46回講談社児童文学新人賞佳作受賞。2006年「カラフルな闇」と改題し、デビュー。

本からのMESSAGE

きゃん、
短い風の音を、耳元できいた。

ああなんてよい音。矢を離(はな)した右手から、熱いしびれが全身に回って、胸の奥(おく)まで熱くなる。

ぱんっ。

その音に我に返ると、矢が的の真ん中を刺(さ)していた。

北九州に暮らす、中学2年の早弥(さや)の部活は弓道部。メンバーは四人で、3年の由佳、2年の実良(みら)、春と早弥です。弓道一家に育ち、幼いころから弓道に親しんできた由佳のもと、中学から始めた三人の個性はさまざま。

素行不良で問題児だけれど、抜群のセンスを持つ天才実良。褐色の肌を持ち、ハーフの春は四人の中で唯一の男子で、大胆なフォームで矢を放ちます。そして、小さなころから不器用で、なにをするにも時間がかかってしまう早弥。物語は、この三人が3年生で最後の試合を迎えるまでを描きます。

自分のできないことを、あっさりやってのける他の二人を見ていて、くさりそうになってしまう早弥は、上達するための努力を重ねます。卵を手の中に持ち、弓を引くときの「握卵(あくらん)」を意識することや、左手の握力を鍛えるため、日常生活は極力左手で行うようにすることなどです。

一方、やすやすと弓を引いていたかのようにみえる実良はスランプに陥り、弓を持てない日々が続きます。

また、アフリカ系の血のせいか、抜群の運動能力とリズム感を持つ春は、中学の部活にあえて日本的な弓道を選んだのですが、なかなか手ごわいことに気がつきます。慣れない弓道着、立ち居振る舞いの難しさ。それでもいつしか、部員の中で一番長く正座ができるようになっていました。

淡々と続く日々の中で、三人は成長していきます。同じ部活に入っていても、誰一人として、同じ体験をしているわけではありません。だからこそ、掛け替えのない貴重なひとときなのです。

この物語では、大きな事件は起きません。朝起きて、ごはんを食べ、学校に行く。それぞれの生活を丁寧に描くことで、登場人物たちが過ごす日々を鮮明にイメージすることができるのです。読み終えたあとも、あの子は元気かな、今日も学校に向かっているのかな、と、ふと思い出すほど、読む者の心に入り込み、息づいています。登場人物たちの毎日の暮らしが愛おしく感じる、優しい物語です。

（森口泉）

BEST SELECTION

剣道少女たちの熱きバトルが炸裂!

書名――『武士道シックスティーン』

著者――誉田哲也

本の紹介

熱血剣道少女が、中三のときのどーでもいい試合で、変な女の子にいきなり一本取られてしまう。その女の子と、なんと高校だけでなく剣道部でも一緒になってしまう……となると、どうなるんだろう?

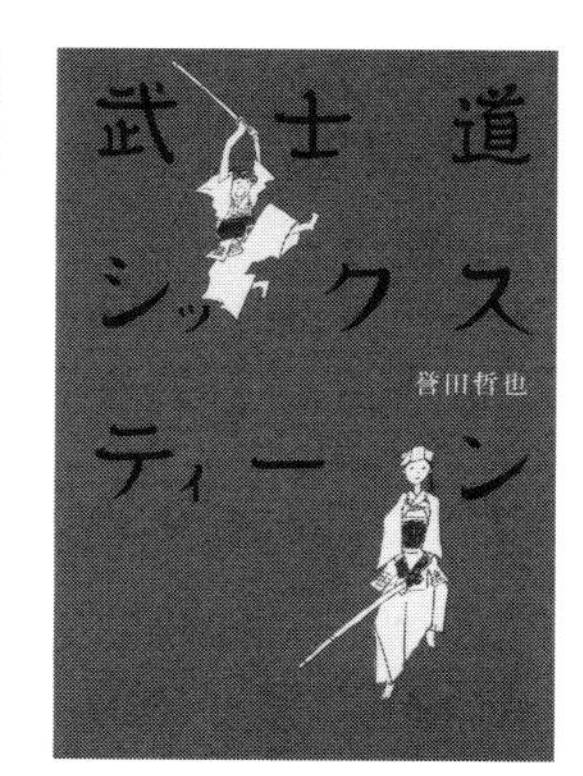

文藝春秋　2007年7月（1476円+税）

【著者紹介】

1969年生まれ。学習院大学卒業。『ダークサイド・エンジェル紅鈴妖の華』でムー伝奇ノベル大賞優秀賞を受賞してデビュー。『アクセス』でホラーサスペンス大賞特別賞を受賞。作品はミステリが多いが、その中でも『ストロベリーナイト』などはヤングアダルト小説としても素晴らしい。

本からのMESSAGE

「ごく普通のメンを、このあたしが喰らうはずがないだろう」

「知らないよ。喰らったのはあんただろう。文句あんなら相手に言えよ。っつか、文句言うくらいなら負けんなよ」

「あたしはまだ生きている。だったら戦うのが兵法者の道理だろう。場所も相手も関係ない。あたしの前に立つ者は斬る。それが親だろうと、兄弟だろうとな」

すごいなあ、いったいだれの言葉だ？　時代小説の登場人物の言葉ではない。桐谷香織、十六歳の言葉なのだ。

とりあえず現代日本に住んでいるのだが、宮本武蔵の『五輪の書』以外に本は読まないという、超時代錯誤型の熱血武道少女。人生も毎日も、すべてが剣道のためにある。負けることがなによりも嫌い……というより、負けることは斬られることと考えている。朝から晩まで剣道剣道剣道、もちろん同輩以下の者に負けたことはなかった……が、あるとき、まるっきり無名の選手に真っ正面からメンを決められてしまう。

メンを決めた相手は甲本早苗。こちらは、剣道を始めたのも日本舞踊、つまり踊りの延長という、マイペースを通り越した、いささか、いや、かなり天然の入った、のんびり少女。試合のときも、相手の動きをよく観察して、それに合わせることしか考えない。剣道歴も浅く、素振りだってあまり速くはない。

このふたりが同じ女子高の剣道部に入部するところから物語が始まる。早苗をライバル視して挑みかかり、つっかかる香織。香織の素振りに、「うわ、はやーい、すごーい」となれなれしく、はしゃぐ早苗。

ふたりの関係はまさに微妙。この微妙さがまさに絶妙で、おかしくて楽しいんだけど、そのうちに、物語は迫力たっぷりの爽快な青春小説へとダイナミックに変わっていく。そして読み終えたあとは……いや、読み終える少し前あたりから、拍手拍手拍手の熱い感動へ！

最後は文句なしの見事なラスト！

このヤングアダルト剣道小説は、大人気になり、コミックになったり、映画になったり。その後、『武士道セブンティーン』『武士道エイティーン』まで出て、終わりかなと思っていたら、その六年後、『武士道ジェネレーション』が出た。なんと大学入学後のふたりが描かれる。思い切り感動的な（たぶん）完結編！

（金原瑞人）

BEST SELECTION

被災の現実に立ち向かう野球部の熱い夏を描く

書名——『イレギュラー』

著者——三羽省吾

本の紹介

水害により、練習ができずにいた蛯谷高校の野球部が名門のK高野球部からグラウンドの提供を受ける。剛腕投手のコーキを擁する蛯高野球部はK高打倒を目指すが、被災をめぐる現実に直面することになる……。

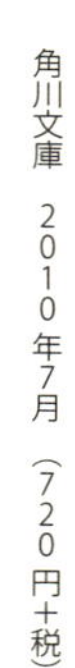
角川文庫　２０１０年７月（７２０円＋税）

【著者紹介】

『太陽がイッパイいっぱい』でデビュー。ニートたちの逃避行を描いたロードノベル『ニート・ニート・ニート』など、社会派エンターテインメントを手がけている。

本からのMESSAGE

最も忘れてはならないことは、イレギュラーではボールデッドにならないということ。

どこかに当たって痛がっていようが、呆然（ぼうぜん）と立ち尽くしていようが、プレーは継続されるということだ。

高校野球を題材とした小説は枚挙にいとまがないが、本作は野球を通して被災の現実を描いたユニークな作品だ。

蜷谷高校野球部は休止状態にあった。水害により、避難所生活を余儀なくされていたからだ。ところが、監督の縁故により、名門のK高野球部と合同練習することになる。野球に専念している野球エリートのK高と野球どころではない弱小野球部の蜷高は水と油のように反発し合うが、やがて化学反応を起こして好敵手となっていく。

本作の魅力として第一にあげられるのが、キャラが立っている点だ。蜷高の剛腕投手のコーキはアウトローのようで堅気だし、K高の技巧派投手の狭間は甲子園で注目されたイケメンだが、三枚目で憎めない。部員をはじめ、両校の監督から村民一人ひとりに至るまで、ひと癖もふた癖もある、愛すべきキャラが目白押しなのだ。

二つ目の魅力としてあげられるのが、からっとした笑いである。イケメン投手の狭間が「うんこボール」を体得し、「せつな系」と呼ばれるくだりは何度読んでも笑わずにはいられない。狭間が力投する理由が涙を誘うだけに、なおさらだ。ポップな文体とあいまって、本作を読みやすいものにしている。

三つ目の魅力は、被災の魅力は、被災者を税金泥棒呼ばわりするネット上の書き込みなどの被災者差別に加え、被災生活が被災者自身を追い詰めていく過程が丁寧に描かれている。蜷高の監督が災害を野球のイレギュラーになぞらえて語る場面は心に響くものがある。「打球が跳ねる方向は予測できなくとも、イニングや天候、グラウンドの荒れ具合、投手の球種と打球の回転など、あらゆる条件を頭に入れて〝起こり得る〟ことは想定出来る」という言葉は、災害に対する心構えとしても通用しよう。

特筆すべきは、被災者に無関心になっていくメディアを取り上げた点だろう。「お前らには何も出来ない」とコーキに言われた狭間たちがとった行動には思わず膝を打ってしまった。是非とも自分の目で確かめてほしい。笑ったり、泣いたりしながら、最後には考えさせられる極上のエンターテインメント作品だ。

（目黒　強）

BEST SELECTION

進路も針路も決めるのは自分だ

書名――『風の靴』
著者――朽木祥（くつきしょう）

本の紹介
中一の夏、海生（かいせい）は家出を決めた。愛犬を連れ、親友と小型のヨットを使う予定だったが、江の島から出港するとき親友の妹に見つかり、仲間に加える。このヨットは目的地に行けるのか？ 海上では漂流していた若い男性を見つけて救助する。

講談社文庫　2016年7月刊（660円+税）

【著者紹介】
広島市生まれの作家。二〇〇六年のデビュー作『かはたれ』で日本児童文学者協会新人賞ほかを受賞。続編『たそかれ』や『引き出しの中の家』などのファンタジー作品にとどまらず、産経児童出版文化賞大賞を受賞した本作や、『オン・ザ・ライン』のようなリアリズム作品もある。なお『八月の光』、『光のうつしえ　廣島ヒロシマ　広島』などではヒロシマをテーマとしている。

本からの MESSAGE

――そうなんだ。おじいちゃんが、風に靴を履（は）かせる。
風が、靴を履いて大海原（おおうなばら）を駆けていく。
そんなふうに、ウインドシーカー号は走る。
あふれる光のなか、きらめく波を切って。
僕らの船は、風の靴になって、どこまでもどこまでも駆けていく。
海が空にふれてひとつになり、空が天にとどくはるか高みまで。

もしあなたがカニグズバーグ作の『クローディアの秘密』を読んでいるなら、家出には周到な計画とよい相棒が必要だとわかるだろう。『風の靴』で海生（かいせい）は幼なじみの田明（でんめい）に家出すると伝え、最初から一緒に計画している。田明は親友の家出につきあう理想的な相棒だが、とまどうのは海生が愛犬ウィスカーを連れて行くと譲らなかったこと。そこで移動に小型の帆船を使うことになった。

海生は祖父の急死による喪失感を解消するために家出するが、背景には中学受験の失敗があった。海生の心の問題が大きな比重を占めているので、重苦しい話になりかねなかったが、やや強引に家出に参加した田明の小四の妹の存在が、それを和らげている。兄の行動から家出を察知した妹は、自分をもう一匹の犬と思ってくれと言い、随所で物語にユーモアをもたらしている。さらに家出にもっと大きな化学変化をもたらすのが、彼らが出港後に海で「拾った」大学生の風間である。

物語は家出の準備や出港の準備に加え、風間をめぐる扱いや、計画を変更する相談などにもかなりの頁が割かれている。どれも物語のリアリティを維持するには欠かせない。そもそも六年ものヨット歴があっても、海生には単独での帆走経験はなかった。親友の田明に至っては、ヨットの夏季講習を二回受けただけ。だから最初の「ウインドシーカー」での移動でも、ハラハラする部分はあった。そして祖父のクルーザー「アイオロス」に至っては、操縦は無理だとわかっていた。ところが、偶然にもヨットマンの風間を助けたおかげで、祖父の遺言を果たすことができる。

物語では彼らの操船による航海の様子を楽しむことができる。また、海生が祖父とかわした「アイオロス」の名前の由来やオデュッセウスの航海の話などを仲間にするうちに、祖父と父の関係を理解する手がかりを得ている。興味深いのは、海生と関わったおかげで、自分を見失っていた風間のなかにも風が吹き始めること。それに気づいたとき、海生も自分の進路は自分で決めようと、気持ちを固める。これはヨットの冒険の物語にとどまらず、彼らのおこなった心の旅の物語でもある。

（西村醇子）

BEST SELECTION

笑えて泣ける落語ミステリー

書名——『ハナシがちがう！　笑酔亭梅寿謎解噺』

著者——田中啓文

本の紹介

高校を中退し行き場を失っていた元不良少年の竜二が上方落語の名人である笑酔亭梅寿のもとに弟子入りさせられる。落語に無関心であった竜二であったが、師匠が行く先々で遭遇する事件を通して古典落語に惹かれていく……。

集英社文庫　2006年8月　（540円＋税）

【著者紹介】

映画化された『水霊』（角川ホラー文庫）などのホラー小説を手がけるほか、音楽ミステリー〈サキソフォンに棲む狐〉シリーズ（光文社文庫）など、多彩なジャンルを手がけている。近年では、落語を題材とした児童書『落語少年サダキチ』（福音館書店）をものしている。

本からのMESSAGE

なぜ、落語はおもしろいのか。（略）それは、落語の根本が「情」だからである。人間が人間であるかぎり、「情」はどれほど繰り返されても滅びることはない。

　初心者向けの「渋谷らくご」が好評のようだが、二〇〇〇年代半ばの落語ブームも記憶に新しい。宮藤官九郎が脚本を手がけたテレビドラマ「タイガー＆ドラゴン」が〇五年、ＮＨＫの連続テレビ小説「ちりとてちん」が〇七年から〇八年にかけて放映された。いずれも、落語家を目指す若者が主人公で、落語の世界が堪能できる佳作であった。〇四年に単行本が刊行された本作は平成落語ブームのはしりであったといえよう。

　主人公の竜二は、交通事故で両親を亡くし、親戚にも厄介者扱いされている不良少年だ。高校を中退した竜二の将来を心配した担任が、上方落語の名人である笑酔亭梅寿のもとを訪ねるところから物語が始まる。

　豪放磊落（ごうほうらいらく）な上に大酒飲みの梅寿は暴言も吐くし手足も出る師匠だ。稽古を付けない「捨て育ち」という方針とあいまって、竜二は逃げ出すことばかり考えていたのだが、師匠が行く先々で事件に遭遇し、古典落語の世界を垣間見ることになる。

　特筆すべきは、上方落語の演目が事件を解決するヒントとなっている点だろう。事件を読み進めていくと落語の内容がすーっと頭に入ってくるので、楽しみながら落語に親しむことができるシリーズとなっている。

　たとえば、江戸落語の「時そば」と上方落語の「時うどん」は、店主に時間を尋ね、お代をちょろまかそうとする演題であるが、「時うどん」では客が一人で二役する点が異なっている。このような相違が事件のヒントとなっており、いつの間にか上方落語に詳しくなっているのである。

　謎解きが「名探偵コナン」のスタイルなのも、親しみやすい。真相を見抜くのは竜二なのだが、師匠が謎を看破したことにして、師匠を立てながら事件を説明している。変声機を使ったコナンが麻酔銃で眠らせた毛利小五郎を通して謎解きする「名探偵コナン」に通じるおかしみがある。

　読みどころは、破天荒だけど情に厚い梅寿との付き合いを通して、竜二が自分の居場所を見つけるくだりだ。迷走する竜二を見守る梅寿の不器用な姿にほろりとさせられた。落語もそうだが、小説もまた「情」を描くからこそ、古びないのだろう。

（目黒　強）

BEST SELECTION

さあ、内なる世界を広げよう

書名——『妖怪アパートの幽雅な日常①』
著者——香月日輪

本の紹介
両親の事故死以来、親戚と暮らしていた稲葉夕士は、商業高校に合格し、独り立ちの夢に一歩近づく。寮の火事で入寮が半年延期になると、賄いつき格安物件の寿荘を選んだ。でも、寿荘に幽霊が出るとの噂は、まちがっていなかった……。

講談社文庫　2008年10月（490円＋税）

【著者紹介】

和歌山県生まれの女性作家。地獄堂霊界通信シリーズの『ワルガキ、幽霊にびびる!』でデビュー。通称「妖アパ」シリーズは十巻ある。そのほか、『大江戸妖怪かわら版』『僕とおじいちゃんと魔法の塔』『ファンム・アレース』などのシリーズを発表、その多くが漫画化されている。二〇一四年に死去。

本からのMESSAGE

「苦しみも哀(かな)しみも、物事のたった一面にしか過ぎない。ましてや君はまだ若いんだ。現実はつらいばかりじゃない。君さえその気になれば、可能性なんて無限にあるんだ。考え方ひとつで世界は変わるるよ。君の常識があっという間に崩れたようにね」

十三歳で両親を失ってから、稲葉夕士はずっと心を閉ざして生きてきた。伯父夫婦は夕士を引き取ってくれたが、肩身が狭かったので、寮のある商業高校を目指した。高校合格で独立の夢に近づいたと思った矢先、寮の火事という番狂わせに会った。不動産屋で紹介されたのは、幽霊が出るという噂の寿荘だ。さあどうする夕士？　あと半年間伯父の家に残るか、それとも冒険してみるか。

寿荘には噂通り、幽霊が出た。それどころか、人間にまじって暮らしている。それを知ったとき夕士は驚きをこえる衝撃を受けたが、いままでの自分を縛ってきた考えや常識から、解放されていくのを感じる。夕士のこうした変化を後押ししたのは、年齢も経験も異なるアパートの大人たちとの交流だ。彼らの話は聞いているだけで、目からウロコの話が多かったし、なによりも、「考えること」を教えてくれた。それに引き換え、同年代の高校生たちとはまともに議論ができない。彼らが薄っぺらな人間に見えたとしても不思議ではない。

本書には作者から若い人に向けた、生きることへの応援メッセージがある。アパートの大人たちは、役割モデルとみるには少々個性的過ぎるが、それでも、折にふれて夕士を助けてくれたり、ヒントを与えてくれたりする。そして賄（まかな）いつきの食卓は、夕士の大切な活力源である。下宿や寮などで作られる食事を指す、少し古風な「賄い」という語は、寿荘の雰囲気に合っている。食事場面は分量が十分なだけでなく、旬の食材が心をこめて作られ供されていて、とても美味しそうだ。

寿荘の賄い料理人るり子さんとは、念願だった小料理屋を開く直前に殺され、手首しかない幽霊である。そう、本書のもう一つの魅力は、多様な顔ぶれの幽霊と、それに関連したエピソードの数々である。夕士は当初の予定通り、半年後にいったん寿荘を離れるが、ここでの暮らしに大きな影響を受けていたため、結局寿荘に戻る。その後の夕士は、高校生としての「日常」を送るいっぽう、霊能力を高めるための修行をしていく。こうした彼の様子については、シリーズ（十冊と外伝一冊）でたっぷり味わうことができる。

（西村醇子）

BEST SELECTION

ビートルズに憧れた少年たちの青春物語

書名――『世界の果てのビートルズ』

著者――ミカエル・ニエミ　訳者――岩本正恵

本の紹介
北極圏に位置する寒村、パヤラ村。この村でのお楽しみと言えば、密造酒をあおり、サウナに入ることくらいだ。そんななか、初めてビートルズを聞いた少年は、その日を境に音楽に目覚め、バンド活動にのめりこんでいく。

新潮社　2006年1月　定価1995円

【著者紹介】

1959年、スウェーデン最北部、フィンランドとの国境に近い北極圏のパヤラ村生まれ。さまざまな職を経たのち、数々の詩集、戯曲、ヤングアダルト小説を執筆。自伝的長編である本書は、世界20カ国以上で翻訳された。

本からの MESSAGE

ぼくらはいつまでも口がきけなかった。ただそこに横たわり、血を流し、力つき、こだまする静寂に包まれて、しあわせだった。ぼくは立ち上がり、もう一度レコードをかけた。

北極圏に位置するパヤラ村は、冬は太陽がのぼらず、厳しい寒さにさらされ、夏は白夜が続く。広大な自然のなかで、幾世代も変わらず続けられてきた素朴な村の生活のなかで、少年たちは悪さを繰り返しながら、ある日大人の入り口に立っている自分に気づく。やがて、そんな少年の一人であった著者は作家となり、愚かしくも愛おしい少年時代のロックンロールな日々を本書で描いた。

ビートルズを初めて聞いた時、主人公とその親友は激しい衝撃を受ける。興奮さめやらぬまま、雪解けの始まった川を橋の上から見おろすのだが、そのシーンが最高だ。川の表面の氷が砕け、轟きをあげて氷盤が勢いよく流れ去り、橋を叩き壊そうとする。少年はその音に音楽を感じて、叫ぶ。「ロックンロール・ミュージック!」と。

故郷の荒々しい自然と、新しい世界への扉を開けようとしている少年の、ほとばしるような喜びが融合した奇蹟的な瞬間。夢に向かって突き進む人間特有のきらめきが、この場面に凝縮されている。これからこの小さな村の中で、少年たちが確実に何かを変えて(やらかして)いくだろうということを確信させる場面でもある。

ギターが欲しくてたまらない少年たちは、板にゴム紐を張った手作りのギターをかき鳴らしてみたり、下手くそな素人バンドを結成したりする。ギターを買いたい一心で決行した、夏のアルバイト——ネズミ捕り大作戦——のエピソードは抱腹絶倒だ。またその合間に、村の行事や事件、さまざまな出会いと別れ、死やセックスに直面する少年たちの姿が独特のユーモアとともに語られる。

だが閉塞的な村の人間関係の中には、必ず歪みもある。父親から激しい折檻を受けている少年もいるし、近親婚の問題、また長年にわたる憎しみ合いも根が深い。

しかし、そんな人間の卑小さや愚かしささえ、笑い飛ばして生きていくパワーに変えてしまうような度量の大きさが、この物語にはある。大らかな笑いと奥深い教訓(?)が織り込まれた、豊かな物語だ。

(光森優子)

BEST SELECTION

「中二病」を通してスクール・カーストを描く

書名――『ＡＵＲＡ〜魔竜院光牙最後の闘い〜』

著者――田中ロミオ

本の紹介

「妄想戦士」であった一郎が中二病を卒業し、念願の高校デビューを果たす。順風満帆に思われた高校生活であったが、夜の学校で「魔女」に出会ったことから、スクール・カーストという現実に直面することになる。

小学館ガガガ文庫
2008年7月（629円＋税）

【著者紹介】
テレビゲームのシナリオを手がける一方、ライトノベルを発表している文筆家。代表作は〈人類は衰退しました〉シリーズ（小学館）。同シリーズはテレビアニメ化、本作は劇場アニメ化されている。

本からの MESSAGE

「私は頑張れない」

「なんで頑張れないいんだよ！」

「狭量（きょうりょう）だから」

「誰が」

「世界が」

近頃、「中二病」という言葉を目にするようになった。好きでもないのにコーヒーをブラックで飲んだり、インディーズの楽曲を好んで聴いたりするような、中学二年生くらいの思春期にありがちな背伸びした振る舞いを揶揄した言葉だ。本作では、現在の自分はある目的を遂行するための仮の姿で、本当の自分は別世界の存在であるという設定を生きる「妄想戦士」の生き様が描かれている。

物語は、主人公の一郎が念願の高校デビューを果たすところから始まる。ある理由から、「妄想戦士」の過去を黒歴史として葬り去りたい一郎は「普通」の高校生活を望んでいた。

そんなある日のこと、忘れ物を取りに夜の学校に忍び込んだ一郎は「魔女」に出会う。その正体はコスプレしたクラスメイトの良子であった。不登校の良子が「魔女」の姿で教室の一郎に話しかけたことから、一郎はスクール・カーストの底辺に落ちてしまう。

本作が現代的なのは、中二病を通してスクール・カーストを描いた点にある。題名の「ＡＵＲＡ」が示す通り、「オーラ」の強さによってポジションが決まり、それぞれのグループが格付けされる教室内政治は無慈悲だ。

一郎と「契約」した良子は登校するようになるのだが、ある目的から「魔女」のコスプレのままで学校生活を送っていた。案の定、良子はいじめの標的となってしまう。クラスの空気に敏感な一郎は自分と彼女のどちらを守るのかという二律背反に陥ることとなる。ネタばれになるので明かさないが、本作における序列の転覆は、非現実的だけど、物語ならではの解放感があった。

中二病を卒業した男の子が現役中二病の女の子との関わりのなかで自分を見つめ直すという本作のプロットは、アニメ化された虎虎『中二病でも恋がしたい！』（京都アニメーション、二〇一二年）などの後続作品にも認められる。

これらの作品は、「普通」であることや分相応であることなどを強要する狭量な世界に対して異議を申し立てているという点で、まさしく中二病小説であるといえる。十代でしか感じられない読後感があるはずなので、大人になる前に読んでおきたい。

（目黒　強）

BEST SELECTION

肥大化するアイデンティティ

書名――『蹴りたい背中』
著者――綿矢りさ

本の紹介
クラスの誰ともなじめないし、なじまない高校一年生のハツ。なのに、クラスではじかれているにな川に近寄られてしまう。にな川が大好きなオリちゃんというモデルと話したことがあるからだった。どうする、ハツ！

河出書房新社　２００３年８月（１０００円＋税）

【著者紹介】
『インストール』にて史上最年少17歳で、文藝賞を受賞。本作で芥川賞受賞。

本からの
MESSAGE

「人にしてほしいことばっかりなんだ。人にやってあげたいことなんか、何一つ思い浮かばないくせに。」

「私はプリントを指で千切る。（略）耳障りな音は、孤独の音を消してくれる。気怠げに見せてもくれたりするしね」。

主人公「私」（長谷川初美・高校生）が語る冒頭の一節。

本当は孤独であるのに、気怠げに見せようとする「私」。「私」は、いつも周りと距離を保とうとしている。

帰宅組かと思ったら、陸上部に属している。が、その部の中でも周りと簡単に同調はしない。顧問の先生をからかったりおだてたりする部員。そしてそれに応える先生。そこに「私」はウソを感じてしまう。すべてがなれ合いの演技に思える。

まるで孤立感を味わいたいがために陸上部員になったようだ。

そして、そんな自分を「私」自身が誰よりもよく自覚している。「学校にいる間は、頭の中でずっと一人しゃべっているから、外の世界が遠いんだ」と。

自覚しているからといって、そこから一歩踏み出せるわけではない。自覚しているからこそ、そこから動かない（動けない）こともある。だいいち、それがいけないことだなんて「私」は思っているようでもない。

そこに、にな川が現れる。彼は、十歳年上のモデル「オリチャン」の大ファン。追っかけかというとそうではなく、ただただ、「オリチャン」の情報を集めている。生の「オリチャン」には近づかず、情報だけで自分の「オリチャン」を作り上げているにな川。他者とのコミュニケーションが取りづらくなっている「私」にとって、「オリチャン」にしか目がいっていないにな川は、とても安心できる存在だ。その「無防備な背中を蹴りたい」ほどに。

アイデンティティは揺らぎや喪失に関して語られることが今は多いのだが、ここで語られているのは、アイデンティティの肥大化。常に「私」は「私」ばかりを語り、そのために他者の入り込む余地は無くなり、それどころか、「私」は「私」の器からもはみだしてしまうのだ。

（ひこ・田中）

BEST SELECTION

青春という心の闇を駆け抜けて

書名――『つきのふね』

著者――森絵都

本の紹介

中学二年生のさくらは梨利と親友だった。数ヶ月前、二人はクラスの中で新しいグループに入り万引きをするようになる。だがやがてノルマが苦になりグループから抜けようとするが、万引き現場を店長に見つかってしまう……。

講談社　1998年6月（1400円+税）

【著者紹介】

『リズム』で講談社児童文学新人賞、椋鳩十児童文学賞を受賞しデビュー。本作品で野間児童文芸賞、『カラフル』で産経児童出版文化賞、『風に舞いあがるビニールシート』で直木賞を受賞している。

本からの MESSAGE

「未来なんかこなきゃいいのにって、梨利は泣くのよ」

『カラフル』では「人生なんて数十年しかないのだから、ホームステイだと思って気楽に過ごせばいい」と書いた森絵都が『カラフル』よりも深刻な調子で心を病んだ人々を描いたのがこの作品だ。

中学二年生のさくらには梨利という親友がいたが、ある事件をきっかけに関係が破綻してしまった。放課後の居場所を失ったさくらは、智という男が住むアパートに足繁く通うようになる。誰からも干渉されることのない、かといってひとりぼっちにもならないですむアパートの一室は、さくらにとって唯一安らげる場所だった。

だが、一見温和な智は風変わりな男だった。全人類救済を目的とした宇宙船の図面を書くのが自分の使命だと信じていて、いつもその「仕事」に没頭してしまう。智が常軌を逸して作業にのめりこみ自傷行為をするようになって、さくらはようやく気がつく。智は心を病んでいたのだ。

一方、梨利を裏切ったさくらは梨利を避けていたが、梨利もまたさくらを避けていた。さくらに対するコンプレックスや将来の不安によって、梨利の心は暴走していく。

心の拠り所だった智や友達の梨利との関係が引き金となり、さくらは自分も含めて人が簡単に病めることを知る。病んでいることに、本人が気づくのは難しいということも。

物語には梨利に片思いをしている勝田という男の子も登場する。だが、彼はさくらを気味が悪いくらいつけまわす。だが、彼の突飛な性格が作品を明るくしており、しぶとい行動力が物語を次へと展開させていく。

タイトルの「つきのふね」も、智に宇宙船を忘れさせたい一心で勝田が捏造した、でたらめな話に出てくる船のことだ。勝田は、宇宙船を否定するために現実を突きつけられるほど、残酷でも冷静でも頑強でもなかった。疲れきった彼らに必要だったのは、一つの架空のお話だったのかもしれない。お互いが嘘と知りつつも共有できそうな、歩み寄る妥協点となるような寓話。多感な時期の壊れやすい心を描いた傑作だ。

（安竹希光恵）

BEST SELECTION

小学校の思い出は、教室の外に

書名――『今ここにいるぼくらは』

著者――川端裕人

本の紹介

三年生のときに兵庫から千葉に引っ越してきたハカセこと大窪博士の、小学生時代の思い出をつなぐ七編の連作短篇集である。クラスメイトとの交流や、友だちの叔父さんである「王子さま」との出会い。思い出のそばにはいつも川と星がある。

集英社文庫　2009年5月（580円＋税）

【著者紹介】

一九六四年、東京大学教養学部卒業。日本テレビ勤務、記者を経て、『夏のロケット』（一九九八）で第三五回サントリーミステリー大賞優秀賞を受賞し、作家となる。サーカー少年、サッカー少女に焦点をあてた作品に、『銀河のワールドカップ』（二〇〇六）と『風のダンデライオン』（二〇一二）。

本からの
MESSAGE

川の水の流れが心臓を貫いて、宇宙にまで繋がっている。

今この瞬間、ぼくたちはこの宇宙の中に生きていて、ぼくたち自身も宇宙人なんだ。

昭和の子どもたちのお話である。ゲーム機もスマホもなく、環境も社会の意識も、テクノロジーの環境も現代とはまるで違う。

けれど、変わった友だちと親しくなるときの秘密めいた気持ちや、女の子と接近してどうしていいのかわからないくらい頭に血がのぼる気持ちは、いつの時代も変わらない。ランドセルを背負って通学路を往復する、決まりきった小さい世界と、そこから少しはずれたときに思いがけず広がる大きな世界。時代の産物ともいえる宇宙人を呼ぶ踊りやヒッピー文化も、子ども時代とリンクされることによって、化石化されない。むしろ、丁寧にすくいあげられた子どもたちの感情や表情とともに、ペーソスをまとって、新鮮な事象として、現代に提示される。

七つの連作は、ときに時間が逆行する。兵庫で暮らしていた博士（ひろし）の一年生のときの記憶から始まって、五年生や四年生の教室や放課後の小さなドラマを追い、次に、転校してきたての三年生の頃の苦い記憶が続く。兵庫から千葉へ。東に何百キロも離れたところに連れてこられ、同じ時刻でも「影法師の長さが、少し違う」。ここは自分の場所ではない、という疎外感は、影法師と子午線を担保に実感を持つ。博士の胸の痛みと回復の軌跡は、テーマとしては普遍なのだが、その歩みはいつも、一人ひとり違うことを改めて思う。博士の大切な部分が、引っ越しで完全に損なわれなくて、よかった。給食がおいしくて、よかった。

圧巻は「オオカミ山、死を食べる虫をみる」である。四年生の夏休み、クワガタ取りに夢中の博士に、妹の美絵子が、魔女がいると噂のオオカミ山にクワガタがたくさんいると言う。誘惑に勝てず、親に内緒で早朝に二人で出かけてみると、図鑑に出てくるような見事なクワガタがわんさか採れるのだが、その山には本当に「オニババ」がいた。戦争、クワガタ、ルーク、そしてシデムシ。それは強烈な「死」の物語なのだが、博士は、美絵子を守り、恐怖に飲みこまれずに立ち続ける。

今ここにいるぼくらは、それぞれに死や孤独を経験する。それはゆっくりと「同じ水脈の中に」（二一四頁）溶けこみ、時間を越えて、再びぼくら自身に還元されていくようである。（鈴木宏枝）

BEST SELECTION

可能性を信じて自分の人生を生き抜く

書名――『トゥルー・ビリーヴァー』

著者――ヴァージニア・ユウワー・ウルフ　訳者――こだまともこ

本の紹介
人生の目標は、貧しいスラム街を出て大学に行くこと。15歳のラヴォーンの毎日は、悩み事で溢れている。貧困のこと、親友との関係、それから好きな人のこと。一つ一つに立ち向かいながら成長する若者たちの物語。

小学館　2009年6月（1500円+税）

【著者紹介】
オレゴン州ポートランド生まれ。大学卒業後、教職を経て五十歳を過ぎてから執筆をはじめ、ヤングアダルト向けの作品を書き続けている。『トゥルー・ビリーヴァー』で全米図書賞ほか多数受賞。邦訳は『レモネードをつくろう』（徳間書店）。

本からのMESSAGE

わたしは可能性を信じている。
可能性があるという可能性を信じている。
いつかこの世界が意味のあるものになるだろうということも。

この本は3部作のうちの2作目。1作目は『レモネードをつくろう』（徳間書店）。舞台は、犯罪がひしめくスラム街。14歳のラヴォーンは母親と2人で暮らしている。父親は幼いころ流れ弾に当たって死んでしまった。大学に行く費用のためにベビーシッターのアルバイトをすることになるのだが、雇い主のジョリーは自分と歳の変わらない17歳の女の子。彼女とのかかわりが描かれている。

本作は15歳になったラヴォーンが自身を見つめていく物語だ。日常にはドラッグや妊娠、銃などの問題が溢れている。幼くして命を失った友達も少なくない。

そんな最悪な環境の中で日々を過ごし、10代らしい悩みと向き合っている。貧困や暴力が当たり前の世界。この町では最低限の暮らしや、平等な教育の機会も当たり前ではないのだ。

それでもラヴォーンは希望を持って生きている。人生の目標は、この生活を抜け出し、大学に行くこと。ずっと親友だと思っていたアニーとマートルはよくわからない宗教に傾倒し、価値観を押し付けてくる。久しぶりにこの町に戻ってきた幼なじみの男の子、ジョディはめちゃくちゃカッコ良くなっていて、ドキドキが止まらない。特別授業を受けることができる生徒にも選ばれ、前向きなラヴォーンだが、いろんなことを相談したいのに親友たちとの溝は深まるばかり。

このような青春を過ごしながら、夢に向かって奮闘するラヴォーンの「生き抜こうとする力」が本当に素晴らしい。心から彼女を応援したくなるし、自分自身も背中を押される。目の前のことをもう少し頑張ってみよう。そんな風に前向きになれる。

やがてラヴォーンは、劣悪な環境の中で自分を見失わないでいられるのは、「信念」のおかげだということに気づいていく。それは、望まぬ未来を自らの手で変えていくための力だ。

今いる世界の常識が、他の世界の常識では決してない。境遇など関係なく、若者たちには希望に溢れた未来をつかみ取る権利がある。あらためて、今置かれている現状と向き合い、自分にとっての大事なものを手にするにはどう生きるべきなのかを考えてみるのも、いいかもしれない。

（兼森理恵）

BEST SELECTION

青春のひとときだけが持ちうる純粋さと残酷さ

書名――『悲しみよ　こんにちは』

著者――フランソワーズ・サガン　訳者――河野万里子

本の紹介

早くに母親を亡くし、父親と二人暮らしをしている十七歳のセシル。若々しく、魅力的な父との気ままな生活に、母の旧友で厳格なアンヌが入ってきたことから、セシルの心にさざ波が立ち始める。

新潮文庫　２００９年１月（４９０円＋税）

【著者紹介】

１９３５年フランス南西部の町カジャルク生まれ。十八歳のときに書いた処女作『悲しみよ　こんにちは』が世界的なベストセラーになる。その後も繊細な恋愛心理を描いた小説や戯曲で、活躍を続ける。２００４年没。

本からのMESSAGE

闇（やみ）のなかで、わたしは彼女の名前を、低い声で、長いあいだくり返す。するとなにかが胸にこみあげてきて、わたしはそれをその名のままに、目を閉じて、迎えいれる。悲しみよ、こんにちは。

青春とはなんて純粋で、なんて残酷なものなのか。この小説を読んでいると、そんな思いがあらためて、ひしひしと胸に迫ってくる。

主人公のセシルは十七歳。幼いころに母親を亡くし、今は父親のレイモンとパリでふたり暮らしだ。レイモンはいわゆるプレイボーイで、年の離れた愛人を次々に作っては、つかの間の恋を楽しんでいる。でもセシルは、若々しくて陽気で包容力のある父を心から愛していた。彼女にとって父親は、享楽的な生活を共にする、気の合う仲間のようなものだった。

ところがその年の夏、セシルと父親、父親の愛人エルザがヴァカンスに出かけた地中海沿岸の別荘に、亡き母の旧友アンヌが合流することになる。アンヌは真面目で理知的で超然としていて、レイモンとは正反対の性格だ。

どうして父は、よりによってアンヌを招いたりしたんだろう？

セシルは大人の女性としての魅力にあふれたアンヌにあこがれ、尊敬もしていた。けれども受験勉強に精を出すよう口うるさく干渉し、隣の別荘に来ていた大学生シリルとの交際まで禁止されると、ついついうっとうしさを感じてしまう。このあたりのセシルの気持ち、日ごろ親との関係に悩んでいる十代の読者には、とても共感できるんじゃないか。

そしてある日、父とアンヌの口から意外な言葉が発せられる。ヴァカンスから戻ったら、結婚することにしたと。セシルは混乱する。父親を奪われることへの不安、厳格なアンヌに対する反発。ついにセシルは、あるたくらみをする。それがアンヌにとって、取り返しがつかないほど手ひどい仕打ちになるとは思いもしないで。

サガンは十八歳でこの作品を書いた。そのせいか、ここには青春小説にありがちな、ノスタルジックな甘さがほとんど感じられない。セシルのあやうい心の内を、作者は仮借なく描き出していく。けれどもラストの一節だけには、どこかせつない哀感がこめられているのは、セシルがちょっぴり大人になったことの証なのかもしれない。読者もまた彼女とともに、青春という普遍的なひとときが持つものの意味を知る。

（平岡敦）

BEST SELECTION

すなおに「青春」を感じたくなったら

書名――『トラベリング・パンツ』

著者――アン・ブラッシェアーズ　訳者――大嶌双恵

本の紹介
母親同士が妊婦のエアロビクスで知り合ったときからの仲良し四人組、レーナ、ブリジット、カルメン、ティビー。初めて別々に過ごすことになった夏休み、四人をつないだのは一本の魔法のジーンズ。

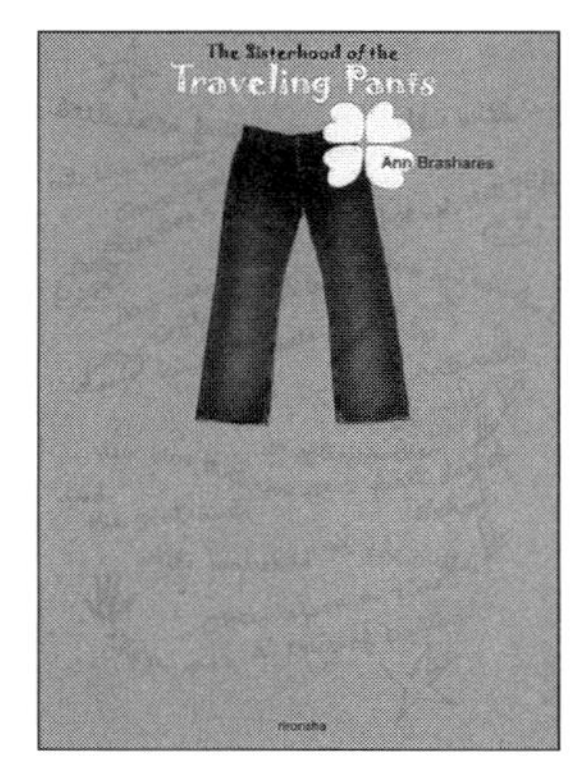

理論社　２００２年４月（１６００円＋税）

【著者紹介】

アメリカ、メリーランド州生まれ。編集者から作家に転身、１作目の『トラベリング・パンツ』が大ヒットする。『旅するジーンズと16歳の夏』（２００５年）として映画化された。

本からのMESSAGE

友情の秘訣？　とても簡単なことだ。わたしたちはおたがいが大好きで、おたがいを思いやっている。でもそれって、案外めずらしいことでしょう？

一九九八年にスタートした理論社のＹＡ海外文学シリーズは、ジャクリーン・ウィルソンやメグ・キャボットなど、海外（主に英米）のティーンエイジャーのあいだで最も旬な作家たちの作品を紹介し、海外青春小説ブームの先駆けとなった。欧米に対する憧れがあった時代とは違い、今の日本の読者は、物語の主人公たちを自分たちと変わらない、恋や家族や友だち関係や進路に悩む等身大の存在として受け入れているように感じる。

そんななかで、今も、ひときわ「青春」の輝きを放っているのが本シリーズ。美人だけど人みしりのレーナ、スポーツ万能で大胆なブリジット、ちょっと太めなのを気にしているカルメン、わが道を行くアーティスト・タイプのティビー。

仲良し四人組は、十六歳を目前に控えた夏休みを迎え、恋に、親子関係に、友人関係に悩み、死に直面し、泣き、笑い、せいいっぱい青春を生きる。だれもが一度は通過する儀式。

でも、それだけだったら、よくある青春物。このシリーズを特別なものにしているのは、旅するジーンズ、すなわちトラベリングパンツの存在だ。古着屋で見つけたジーンズは、なぜか体型のちがう四人全員にぴったり。おまけに穿くと特別な魅力が生まれる（ような気がする）。ジーンズの魔法に気づいた四人は、かわりばんこに、このジーンズをはいて夏休みを過ごすことに決める。

ジーンズが目に見える形で魔法を使って、四人を幸せにしてくれるわけではない。でも、四人はこのジーンズを信じ、愛し、心の支えにしている。それは、二巻以降の冒頭に掲げられる「トラベリングパンツの誓い」を見ればよくわかる。そんな彼女たちの気持ちが、ジーンズの魔法を生むのだ。

こんなに小道具が生き生きとしている作品は、なかなかない。ジーンズはなにかの象徴だろう、なんてことを考える前に、自分のタンスの中のジーンズを眺めてみて。けっこう似合ってるような気がしてくるから。

（三辺律子）

BEST SELECTION

ためらい、近づき、そして、ほんの少し理解する。

書名――『ファイヤーガール』
著者――トニー・アボット　訳者――代田亜香子

本の紹介
トムはクラスでも目立たない少年。友だちのジェフと馬鹿話をしたり、クラス一の綺麗な女の子を助けるヒーローである自分を想像したりして過ごしている。そこに、全身に大やけどを負った女の子が転校してきて、クラスの空気が変わり始める。

白水社　2007年6月（1500円+税）

【著者紹介】

オハイオ州クリーヴランド出身。コネチカット大学で英文学を学ぶ。書店員、図書館員を経て作家に。

本からの MESSAGE

ぼくはだんだん、少しずつだけど、顔をあげてジェシカを見るようになっていた。とはいえ、ジェシカがあちらをむいていてぼくのことが見えないとわかっているときだけだ。

語り手のトムは地味な存在で、学校で友人と呼べるのはジェフだけ。それもジェフにかなりリードされる関係です。あこがれの女の子がいないわけではありませんが、心を打ち明けるなどとてもできません。いつも頭の中で、自分がヒーローになって、危機に陥った彼女を救う妄想を繰り返しているだけです。

ある日転校生のジェシカがやってきます。女の子と聞いて男の子たちは盛り上がりますが、彼女は自動車事故で火傷を負い、その治療のためにこの地にやってきたのでした。彼女を見たトムは、「生きている人間の顔とはとても思えない」と反応します。残酷ですが、それだけ動揺したわけで、正直な感想ではあるでしょう。クラスの誰もがジェシカとどう接して良いかわからず、遠巻きに眺めるだけ。

ジェシカはトムの近所に引っ越ししてきたので、母親はトムに、助けになってあげなさいと言います。トムだってそれが正しい考え方だとはわかっているけれど、どう近づいたら良いのかわからず難しい。それでもトムは、ジェシカを見るようにしていると段々、「人間の顔とはとても思えない」から変化し、「人間がそこにいるみたいに思えてき」ます。

トムがジェシカが持っていた可愛い少女の写真を目にとめ、クラスのみんなが誰なのか知りたがったとき、ジェシカは亡くなった妹だと言います。そのため、妹が亡くなったのはジェシカのせいだという噂があっという間に拡がってしまいます。

休んだジェシカへの届け物を担任に頼まれたトムはドキドキしながら、初めて家を訪問します。本当のところは、早く帰りたくて仕方がありません。

自分も含めたみんなの態度をわびるトムにジェシカはこう言います。「そんなことどうでもいいの。あたしには、ほかにたくさん気にかけなきゃいけないことがあるから」。その言葉に促されるようにトムは「きみの外見が（略）こわくて、そばにいったりやさしくしたりできない」と言えます。口に出すことで、トムは自分のそうした感情を見つめ直すことができるのです。そのあと二人はそっと抱き合います。心が通い合ったのです。理解し合うには、心を開けて話すこと。そんな大切なことが心に染みてきます。

（ひこ・田中）

BEST SELECTION

恋と友情は両立する？ したいよね。無理？

書名――『ガールズ インラブ』

著者――ジャクリーン・ウィルソン　訳者――尾高薫

本の紹介
エリーは夏に男の子と知り合うけれど、これが思いっきりダッサいコ。絶対にカレシにしたくない。なのに、友達二人にカレシができたので、自分にもいるとウソをつくのですが……。

理論社　２００２年７月（１０００円＋税）

【著者紹介】

１９４５年イギリス生まれ。ティーンズ小説で圧倒的な支持を得ている。読者と等身大のキャラクターを動かす腕は確かな物。

本からの MESSAGE

だれかを好きになって、その人もわたしを好きになってくれて……たったそれだけのことが、どうしてこんなにむずかしいんだろう。

友達同士というのは結構不思議な関係で、助け合うかと思えば競い合ったり、気を許しているかと思えば、秘密を抱いていたり。それは、友達の関係が、家族のように距離感がなかったり、見知らぬ他人のように緊張していたりするわけでもなく、常に揺れ動いているものだからです。要するに日々変化する関係。友情は毎日更新されます。

この物語は、エリー、マグダ、ナディーン、13歳の仲良し3人組の毎日をエリーの語りで描いていきます。エリーから見たマグダとナディーン。そして、マグダとナディーンの反応や評価を気にするエリー自身。それらが次々と変化し、お互いの関係が更新されていく。

夏休み、マグダはスペインに、ナデーィンはアメリカに行くというのに、エリーはウェールズにある「別荘とは名ばかりの、いつものシケた小屋」に出かけるだけ。大不満のエリー。しかもそこで出会った男の子ダンは「チビのわたしよりももっと背が低い」、「ただのうるさいガキ」。エリーはマグダを美脚で痩せていると思っているし、ナディーンを色白で痩せていると思っている。でも自分は子どもっぽく見える容姿。どこを取っても二人とは競い合えないとわかっている。だから、二人にボーイフレンドができたとき、ダンを超カッコいいボーイフレンドにでっち上げてしまう。そんな出来心、誰にでもある。

友達にどう思われるかを気にする、こうしたエリーの心の動きはとても分かりやすいし、ちょっと切ない。それに対して、「正直な方がいいんだよ」なんてきれい事は言えない。

マグダとナディーンが自分たちの恋を巧く運んでいるかというとそうでもなくて、やっぱりドジを踏んでいたりもする。つまり、エリーが思いこんでいるほど彼女は二人に劣っているわけではないの。友達だからこそ対抗してしまう意識がそう思わせているだけなのね。

さて、3人の恋の顛末(てんまつ)は？

ダンだってそんなにダサくないかも。


（ひこ・田中）

BEST SELECTION

大変な出来事から恋の始まりまで

書名――『アグリーガール』

著者――ジョイス・キャロル・オーツ　訳者――神戸万知

本の紹介

マットは、冗談で言った「学校でも爆発しようかな」を本気に取られ、警察から取り調べを受ける。誰もが尻込みする中、証人として名乗り出てくれたのは顔見知り程度の女の子だった。

理論社　2004年5月（1500円+税）

【著者紹介】

ニューヨーク生まれ。小説の他に戯曲、詩、評論なども書く。ノーベル文学賞にノミネート。全米図書賞、O・ヘンリー賞などを受賞。他に『フリーキー・グリーンアイ』。

本からの
MESSAGE

ほんとうに深刻で恐ろしい結果よりも、自分がバカにされるのをこわがっている。

自分をピエロにして、みんなを笑わせ、それで好かれているってキャラのコはクラスに必ず一人はいるよね。そういう生き残り方をしているコ。この物語の主人公の一人マットもそうだった、彼の冗談をマジに受け取って校長に告げ口する生徒がいた。9・11のテロの恐怖がまだ収まっていないアメリカ。小心者の校長が警察に電話してしまったものだから、単なる冗談が事件になってしまう。それでも友達が証言してくれれば簡単に収まる程度のこと。ところが、かかわりを恐れて誰もが知らぬふりで、マットは孤立してしまう。この辺りの描き方がリアルでとても怖い。それは、マットになってしまったらって恐怖だけではなくて、自分もマットの友人のように振る舞ってしまう可能性が高いという恐怖だ。

そんな状況のマットに救いの手を差し伸べたのは、自称アグリーガール(みにくい女の子)のアーシュラ。タフでクール。間違ったことが大嫌い。あれは冗談だったのを見聞きしていたから、誰も彼を助けないなら自分がそうしようと思う。アーシュラが本当にタフでクールかと言えばそうではなくて、「人を好きになると、傷ついたりもする。女友だちや仲良くしていた男子にも何度か裏切られた。もうあんなヘマはしない」と思っているところを見ると、アグリーガールはアーシュラのプロテクターでもある。自分を偽っているって？だとしても、それは別に逃避でも悪いことでもない。いつもいつも「本当の自分」を見せていくなんて大変だ。ただ、アーシュラの場合、アグリーガールのふりだけで生きていこうとしているのが少し心配。

一見明るく明けっ広げに見えるマットが孤立し、クールで孤高を装っているアグリーガールがマットと知り合いになって行くにつれ心を開いていく。この二人、正反対のキャラクターを演じていたのが、事件を通して出会い、プロテクターの中に潜んでいる生身の自分を少しずつ表に出していく姿が実にいい。

二人は恋に落ちるかだって？

当たり前でしょ。

（ひこ・田中）

BEST SELECTION

ありのままの自分を生きるために

書名――『スターガール』

著者――ジェリー・スピネッリ　訳者――千葉茂樹

本の紹介

レオの在籍するハイスクールに、スターガールという名の風変わりな女の子が転校してくる。学校中に、たちまち様々な波紋を投げかけ、レオはその不思議な力に引き込まれていく。

理論社　2001年4月（1380円＋税）

Stargirl

Jerry Spinelli

rironsha

【著者紹介】

1941年ペンシルベニア州生まれ。本書でペアレンツ・チョイス金賞を受賞し「全米書店員が選ぶ2000年いちばん好きだった小説」にも選ばれた。他に『クレージー・マギーの伝説』『ひねり屋』等がある。

本からのMESSAGE

彼女はあまりにも人とちがっていたから。あまりにも。彼女と比較できる人間などいなかった。彼女を評価するモノサシもなかった。彼女は未知の世界に属している。

「まったくとらえどころがない子だった。彼女は今日そのもので、明日でもあった」と、主人公のレオが驚嘆しっぱなしの少女の名は「スターガール」。もちろん両親のつけた名前ではない。「だって、ものすごい星空だったんだから！　そして、そのとき、その名前がわたしの上に降ってきた」のだそうだ。

美しい星に感動したことと、自分の名前を変更するということにまっとうな因果関係はない。でも「車のヘッドライトにたじろぐ鹿の目」をした女の子にそんなことを言われたら、そうだね、とやさしく答えてしまいたくなるだろう。突飛だけれど、説得力のある魅力があり、レオが恋に落ちるのもよくわかる。

物語の舞台は、アメリカ西部にある砂漠の町のハイスクール。スターガールは、ひだひだのえりのついた床をひきずる白いドレスを身にまとい、実物大のヒマワリの絵のバック（ペットのネズミ入り）を提げて現れる。そして、ランチルームで突然ウクレレを奏で、その日が誕生日の人の名前入りのバースデーソングを目の前で歌いだす。

そんな不思議少女は、すぐに人気者となるが、長くは続かない。チアガールになったというのに、敵チームをも同じように応援し「裏切り者」とみなされるのである。スターガールのわけへだてない愛はとどかず、学校中から激しいシャニング（無視）にあう。残酷な群集心理がリアルで、胸が締めつけられる。率直であればあるほど、孤独になっていくものなのかもしれない。

スターガールとレオの良き理解者である老生物学者アーチーは言う。「ときとして、ほかのだれよりもすこしばかり原始に近い状態の人間が生まれてくることがあるんじゃないのか」と。私もそう思う。死者に花を手向け、弔いの意を知っていたという原始の人と星の人は、きっと似ている。

カラフルで混沌とした、アメリカン・ハイスクールの風俗と青春を親密に味わえるという点でも楽しい一冊。スターガールの立っていた砂漠の夜の深さと煌(きら)めきは、忘れられない。

（東直子）

BEST SELECTION

青春を堂々と描いてます。

書名――『僕らの事情。』

著者――デイヴィッド・ヒル　訳者――田中亜希子

本の紹介
ネイサンとサイモン。共に十五歳で親友同士。他の親友とちょっと違うかもしれないのは、サイモンが筋ジストロフィーだということ。熱い友情の物語。

求龍堂　2005年9月（1400円+税）

【著者紹介】
1942年、ニュージーランド生まれ。高校教師、運転手などを経て、作家になる。2005年、マーガレット・マーヒー賞受賞。

本からの
MESSAGE

「おれたちは屁みたいな同情なんてほしくねえっつーの」

癒し系の本を好きな人、号泣したい人は多いけれど、たぶんそれは、どこか疲れていて、涙を流したりし心を休めたいのだと思う。

この物語は、一見そんな癒し系です。難治性の病を抱えた親友との日々、悲しい別れ、と涙を流す要素はそろっています。しかし、この物語は簡単には涙を流せません。涙で目を曇らせないで、事実と向き合うことを求めてくる、厳しいと言えば厳しい物語です。

十五歳のネイサンとサイモンは何でもうち明けられる親友同士。サイモンの方は筋ジストロフィーです。その病と闘うサイモンと彼を支えていくネイサンの友情物語だと癒し系になるでしょう。でも、サイモンの病は物語の中心を占めてはいません。描かれているのは、十五歳の少年たちの日々の生活、悩みや怒りや喜びや悲しみです。そして、たまたまサイモンは筋ジストロフィーだっただけ。もちろん筋ジストロフィーはサイモンを苦しめてはいるのですが、そのことも含めてサイモンは魅力的な男の子として描かれています。

残された時間が少ないことを知っているからでしょうか、彼はかなり辛辣です。たとえば、障害児のために寄付金を集めるＴＶのキャンペーンに関して、「金をいくらかやれ、そうすれば、障害児のために何かしたって気分になる、あとは自分達のささやかで幸せな暮らしにもどれるだろって感じ」だと評価します。厳しい見方かもしれませんが、真実の一端を見事に突いています。

恋をしているネイサンにサイモンは、こうアドバイスします。「たぶんおまえは相手の女の子をまちがっていると思う」。キツイ言い方ですけど、親友だからといって遠慮をしないで自分の思っていることを告げるサイモンはいいやつです。いや、親友だからこそこんなことを言うのですよね。

病が進み次第に衰えていくサイモン。親友だからといってどうすることもできないネイサン。やがて死を迎えるサイモン。もちろんそれでもネイサンは生きていきます。どんなに悲しいことが起ころうとも、前を見て。


（ひこ・田中）

BEST SELECTION

自分の居場所は自力で見つける

書名――『すべての美しい馬』

著者――コーマック・マッカーシー　訳者――黒原敏行

本の紹介
牧場主の息子で馬が大好きな十六歳のグレイディ。祖父母の死によって、牧場が人手に渡ることになり、グレイディはメキシコに旅立つ。大自然の素晴らしい描写や、絶妙のユーモア、そして馬への愛がひしひしと伝わってくる青春小説。

ハヤカワepi文庫
2001年5月（1060円＋税）

【著者紹介】

1933年ロード・アイランド州生まれ。6作目の長編である本書で全米図書賞、全米書評家協会賞を受賞した。マット・デイモン主演で映画化もされた本書から始まる「国境三部作」は『越境』『平原の町』で完結。日本語訳で読むことができる。

本からのMESSAGE

彼にとっては馬を愛する理由こそ人を愛する理由でもある、それは彼らを駆る血とその血の熱さだ。彼が敬い慈しみ命のかぎり偏愛するのは熱い心臓を持ったものでありそれはこれから先もずっと変わることはないだろう。

かっこいいよー、この小説の主人公ジョン・グレイディは。たった十六歳なのに、あらゆる意味において男の中の男。といっても、頭まで筋肉でできてるようなマッチョや暴力者というわけではもちろんない。心が大きくて、深い少年なのだ。すべての女子はうっとりし、すべての男子は憧れる。そんな夢の男なのである。

一九四九年、祖父の死によって牧場を失った十六歳のジョンは、親友のロリンズを誘って、愛馬レッドボウにまたがりメキシコへの不法入国を試みる。ジョンにとってはレッドボウが他人の手に渡るなんてまっぴらなのだし、牧童として生きていかれない土地なんか自分の居場所とは到底思えないから。この冒頭シーンからして印象的。ジョンたちは車がびゅんびゅん走るハイウェイ沿いを馬で進んでいくのだ。ハイウェイという現代的な光景と、馬にまたがるカウボーイという西部劇のようなスタイルのミスマッチングさ加減。生まれるのが遅かったとしかいいようのないジョンの、現代アメリカにたいする違和感と疎外感が象徴された、見事な出だしといっていい。

こうして馬に乗った二人の少年は河を渡ってメキシコに入り、いくつもの山を越え、自分たちにとっての理想郷を目指す。やがて大きな牧場にたどり着いたジョンは、馬に対する天性の才能を発揮し、野生馬を馴致する仕事にありつき、幸福な日々が訪れる。ところが、ジョンが牧場主の美しい娘と恋に落ちたことで――。

この小説は現代に居場所を失った者の夢の旅というテーマの中に、一人の少年が大人の男へと成長するさまを描き込んだ青春小説の傑作だ。馬への深い愛情を語る静かな前半部に比して、かなわぬ恋が原因で起こる過酷な試練を綴った後半部は暴力の描写の迫力に圧倒される。が、後味は悪くない。なぜなら、ジョンがジョンたるゆえんともなっている倫理観や正義感はどんなにつらい目に遭っても歪むことがないから。すべてが美しい。そんな小説は滅多にないけれど、その〝滅多〟がここにはある。

（豊﨑由美）

BEST SELECTION

新任の明子センセと子どもたちの温かな心の交流

書名――『感傷コンパス』

著者――多島斗志之

本の紹介

昭和30年、春。新任教師の明子は三重県伊賀の山里にある分校に赴任した。誰にも心を開かず、突飛な行動をとる生徒・朱根のことが気にかかっていた明子は、思いがけない事情を垣間見る……。

角川文庫　2016年12月（720円＋税）

【著者紹介】

1948年生まれ。広告ディレクターを経て、1985年『〈移情閣〉ゲーム』でデビュー。おもな著書に『症例A』『離愁』など。ジャンルを超えて多様な作品を発表。

本からのMESSAGE

解放感と、そしてほんの少しの孤独感。
てのひらの上で細い磁針が心もとなげに揺れている。

学校にも家にも自分の居場所がないような、途方に暮れた気持ちや、寂しさを抱えたことは、きっと誰しもあるはず。そんなときにぜひ手に取ってもらいたい。本書は、そっと優しく背中を押してくれる、温かさに満ちた物語なのだ。

小学校教師になりたての明子にとって、実家から遠く離れた赴任地に馴染めるだろうかという不安より、心をざわつかせるのが、誰にも心を開かない朱根（あかね）の存在だ。

学校には遅れてくるし、ふいといなくなってしまうし、級友に乱暴なこともする。男の子を泣かせることもしばしばだ。さらに朱根は父親と二人暮らしなのだが、その父親は自分勝手で、娘のことをまったく放置しているように見受けられる。心配なのもあるし、教師としての義務感もあるだろうが、明子は朱根に自分を重ね合わせているからこそ、のっぴきならなくなっているのだろうなと気づく。

冒頭で、明子と家族の微妙な距離感がさりげなく描かれているのだが、その意味が、ざらりと読む人にしみこんでくる。決して仲が悪いわけではないが、どこか気詰まりで、自分の居場所がない気持ち。愛されたいけど、自分の立場をわきまえていて、遠慮する気持ち。そんな思いを抱えているからこそ、明子は朱根に同情ではなく、教え導こうとする上から目線でもなく、一人の人間として真摯に向かい合おうとするのだろう。

無口な朱根の気持ちが、少女自身の言葉で語られたとき、胸をつかれるような衝撃を受けた。柔らかだが力強い方言が随所に出てくるのは、この物語の味わい深い魅力のひとつだ。

無邪気な子どもたちも、様々な事情を抱えていること。小さな村にも秘密があること。身近な人の心に思いがけず激しい感情が渦巻いていること。そんなことに気づきながら明子は成長してゆく。

本書のタイトルにある「コンパス」は、文房具のコンパスではない。方位磁石（コンパス）のことだ。実家を出る明子に、父が「迷子にならないように」と持たせてくれたもので、印象的な登場をする。ラストは、明子自身が子どもたちのコンパスになっていく、そんな希望を感じさせられた。

（光森優子）

BEST SELECTION

ときとして友達は、誰よりも愛情深い

書名――『STAY1』

著者――西炯子（けいこ）

本の紹介

傑作短編集。清雅（せいが）と涼雅（りょうが）は九州に住む高校生。校内でも有名な一卵性双子だが、兄の清雅は生徒会長で剣道部部長。一方涼雅は軽薄で喧嘩っぱやく、家にも寄り付かない。同級生刈川は、優等生の清雅の人知れぬ秘密を知ってしまう。（本書に収録されている「双子座の女」より）

小学館文庫　2010年9月（657円＋税）

【著者紹介】

鹿児島県出身。漫画家。にしけいこ名義で挿絵などの活動もしている。代表作品に『娚（おとこ）の一生』など。著作多数。

本からのMESSAGE

「もしもし？　……うん……ごめんね　こんな時間（じかん）に……」

「いいのよ……そうね　すごく月がきれいだわ　わたしもそう思（おも）っていたところなのよ……偶然（ぐうぜん）ね」

「………ごめん　説明（せつめい）したいんだけど……」

「……いいのよ　月（つき）がきれいじゃない　それだけで」

物語の主人公を大好きになり、影響を受け、いつしか自分の一部になる。そんなこと、ありますよね。この本の主人公の一人、刈川（かりかわ）は、私が心から尊敬し、時折思い出しては人生の指針にしている人物です。

九州で大きく展開し、地元ではテレビで宣伝している有名チェーン「トップでんき」の長男、坂本清雅（せいが）。生徒会長の他、剣道部の主将も務めています。夏季集中講座の合宿中に、同級生刈川エリの私服を見た清雅は、刈川に興味を持ちます。

実は、清雅には誰にも言えない秘密があるから。かわいいスカートをはきたい。ネイルをして、おしゃれしたい。刈川の服はすべて自作であることを知り、興味を抱いた清雅は、刈川の自宅を訪問することになります。これをきっかけに、刈川は清雅の秘密を共有することになるのです。

刈川の前では清雅は自然に女性の言葉を使い、好きな紅茶を入れ、自分らしい時間を過ごします。刈川の指導のもと、不器用ながら、店頭には売っていない自分のための服を作ります。二人が友情を深めていくようすが微笑ましい。刈川のアドバイスでどんどん綺麗になっていく清雅の表情は、とても満ち足りています。

二人の仲が深まっていくにつれ、刈川は清雅と双子の弟、涼雅（りょうが）との間に何かがあることを感じ取ります。見え隠れする複雑な関係。感情を持て余し苦しむ清雅に、刈川はシビアに、でも全力で寄り添います。刈川の存在を支えに、清雅は偽りではない、あるべき姿の自分を選択します。

刈川のように、友人を心から認めることができるでしょうか。人を受けいれることはとても難しいことです。だからこそ、噂に惑わされず、自分の目で見て、自分の考えで行動できる人は、とても尊いのでしょう。作者は、漫画家としてとても巧みです。主人公たちの葛藤や重いテーマを陰湿にせず、こんなにチャーミングに描くのは西炯子ならでは。希望が持てるラストが秀逸です。

また、刈川は、このシリーズのほかの作品でも、素敵な奇跡をおこしています。人が自分らしく生きるためのお手伝いが、とても得意な人なのでしょう。機会があれば、そちらも読んでみてください。

（森口泉）

BEST SELECTION

庭の息遣いを感じたことはありますか

書名――『幸子の庭』

著者――本多明

本の紹介

幸子と両親は、今は亡き曾祖父が結婚相手久子のために七十五年前に作った家に住んでいる。現在九十六歳の曾祖母が親戚を訪ねがてら上京するという。幸子たちの依頼で荒れた庭を手入れする若い庭師。幸子はその仕事ぶりに魅せられる。

小峰書店　2007年9月（1500円+税）

〈著者紹介〉
一九五四年、東京生まれ。明治大学文学部卒業。本作は第五回日本児童文学者協会・長編児童文学新人賞および第五十五回産経児童出版文化賞を受賞。ほかに詩集『虹ボートの氷砂糖』（花神社）。

本からのMESSAGE

浩史はそれから、もう少し庭の風に吹かれていた。

縁側にいるのに、向こうの生垣を通ってくる風や、白雲木の下を流れる風を感じる。浩史は久しぶりに自分の息遣いが庭の息遣いと混じるのを感じた。ライトアップされていても夕闇の気配は浩史を包もうとしてくる。

中上家の敷地は畳に換算して約五二〇枚分の広さがある。かつて曾祖父はここに小さな家を建て、残りをすべて庭にした。その後、趣味で庭を手入れしていた祖父の死去とそれに伴う諸雑事、幸子の登校拒否などが続き、手入れがされない庭は荒れ放題となった。今回の曾祖母の人生最後の旅は、中上家にとって一大イベント。曾祖母に、こんな庭を見せるわけにはいかない。

　切羽詰まった一家から依頼され、庭の下見をした小橋造園の社長は、造り手の庭への思いを感じ取り、超過密日程を押して庭師の派遣を決める。たった二日で庭を再生させる庭師田坂たち。その作業を見守る中上家の幸子とその母靖子。少しずつ整えられる庭木と歩調を合わせて、登校拒否になっていた幸子も、心を開いていく。

　第二章では、田坂の家族や子ども期、庭師修行の九年間などが語られている。田坂の使う道具は鍛冶職人だった祖父の作ったもの。彼が身につけた技術は、長い時間をかけ、粘り強い練習で得たものだった。さらに田坂の家族の話は、石灰業の町だった栃木の一地方史の側面をもち、物語に時間的厚みを加えている。

　中上家の庭は、家族のためにさまざまな工夫が施されていた。樹木に精通した田坂は配置の意図を専門家の目で読み解き、幸子たちに伝える。たとえばヒイラギモクセイもカラタチ、クチナシも、みな咲く季節は違うが、白い花を咲かせるものばかり。そして白は曾祖父の名前シロウに通じる。こうした会話は幸子たちに曾祖父を身近に感じさせたし、庭といっしょに自分たちも、生き返ったと思う。引用は、出張から帰った父がそれを感じとった直後の場面。物語の最後では曾祖母が一同と庭を見て回るが、そこには継承というモチーフが見られる。そして継承は中上家の人びとにとどまらず、祖父の作った道具を駆使して庭師となっている田坂にもあてはまっている。

　お勧めしたい読み方がある。植物図鑑でもよいが、インターネットを利用し、本書に登場した樹木を画像検索しながら読むのだ。「枝折戸（しおりど）」を開けて入る庭。建物の角の「隠蓑（かくれみの）」、小道の「竜の髭（ひげ）」、「白雲木（はくうんぼく）」「もっこく」などの姿を思い浮かべられないなら、一度お試しを。

（西村醇子）

BEST SELECTION

人や物を慈しみ、内なる声に耳を澄ませて

書名――『りかさん』
著者――梨木香歩
本の紹介
おばあちゃんにリカちゃん人形をお願いしたのに、届いたのは「りか」という名の市松人形だった。落胆するようこだが、実はりかさんは人間とおしゃべりができるのだった。りかさんに導かれ人形達の声を聞くようになる。

新潮社文庫　2003年6月（520円+税）

【著者紹介】

鹿児島県出身。同志社大学卒業。イギリスに留学し、児童文学者のベティ・モーガン・ボーエンに師事する。『西の魔女が死んだ』で日本児童文学者協会新人賞、新美南吉児童文学賞、小学館文学賞を受賞。『裏庭』で児童文学ファンタジー大賞を受賞。

本からの MESSAGE

人形遊びをしないで大きくなった女の子は、疳（かん）が強すぎて自分でも大変。積み重ねて来た、強すぎる思いが、その女の人を蝕（むしば）んで行く。

雛祭りに欲しいものがあるかとおばあちゃんに聞かれ、リクエストしたのはお友達みんなが持っているずっと憧れていたリカちゃん人形。しかし、届いたのは、真っ黒い髪の市松人形「りかさん」だった。がっかりするようこだが、りかさんの気配に心惹かれ、おばあちゃんから送られてきた説明書通りに世話を焼くようになり、そのうちに、りかさんの声が聞こえるようになる。気立てのいいりかさんと過ごすうちに、他の人形たちの秘めたる声も、ようこの耳に届いてくる。無冠の男雛、物言わぬ汐汲み人形、親善大使として日本にわたり戦火に巻き込まれたアビゲイル。いろいろな人形が背負ってきたものを通して、人間の業が描かれていく。

子供の頃からお人形遊び、とりわけリカちゃん人形が大好きだった私は、タイトルですぐに飛びついた。流行りのリカちゃん人形が手に入らずがっかりするようこちゃんの気持ちも、痛いほどわかる。読んでいるうちに人形の気持ちに寄り添っていた子供時代がよみがえってくる。ふとした時に感じる空気。一緒にいると、安心したり、逆に落ち着かない気分にさせられたり。目と鼻と口がついているもの、人型になっているものは、たとえそれが生きていないとわかっていても、魂が宿っているような気がしてならない。魂のように感じるものは、きっとその人形たちの歴史だ。人形は、生きているもの以外では唯一、私たちが「心を通わせよう」という意思を持って働きかけてしまう存在かもしれない。まるで姉妹のように、ときにはお母さんになったつもりで自分の子供のように、気持ちを込めて話しかけたり、遊んだり。そして毎晩一緒に眠りにつく。それらたくさんの濃密な時間を共有しているからこそ、人形は、ただの「もの」ではない気配をまとっているのだろう。

『りかさん』からは、人や物を慈しみ愛情を注ぐことの大切さがひしひしと伝わってくる。人形たちの持っている積み重なった歴史の糸を丁寧にたどっていくと、絡まりあった煩わしいものがすっとほどけていく。私たちが表面的に見ているものの裏側にある、物事の本質が鮮やかに描き出されていて、気持ちが浄化される作品だ。

（兼森理恵）

BEST SELECTION

価値観の違う二人に友情が芽生えた！

書名――『下妻物語』
著者――嶽本野ばら

本の紹介
ロリータを信条とする竜ケ崎桃子とヤンキーの白百合イチゴ。友達付き合いなんて興味がない、という桃子だったが、イチゴの誘いに応じるうちに、いつしか一緒に行動するようになる。茨城県下妻を舞台にしたコミカルな友情物語。

小学館文庫　2004年4月（600円＋税）

【著者紹介】

京都府生まれ。2000年、『ミシン』で小説家デビュー。『エミリー』『ロリヰタ。』などがある。吉屋信子、中原淳一らの少女的感性の影響を受けた作風。

本からの MESSAGE

突然の大きな幸せが舞い込んできた時、人はその幸せを前にして急に臆病になる。幸せを勝ち取ることは不幸に耐えることより勇気がいるの。大切なものを見つけたら、それを絶対に手放さない。（中略）甘えてちゃ、駄目だよ。

洋服を着ることの恥ずかしさに比べたら、裸でいるほうが気楽だ、という話を聞いたことがある。ファッションはその人の思想や性格やセンスまでも表してしまうものらしい。

その是非を問うことはさておき、『下妻物語』は、登場人物たちの趣味や性格の違いをファッションを通じて描いた、遊び心たっぷりの作品だ。

桃子が纏うひらひらのレースの服は、ロココ時代の精神を宿す。その心は、慣習を無視し贅沢と美と享楽を愛し、究極の個人主義を徹するというもの。労働とは無縁の少女のままでいたいロリータ娘だ。

一方、一張羅の特攻服で原付を乗り回すイチゴは義理堅く情に厚いのを仁義とする。手に職をつけて早期結婚、早期出産をしたいヤンキー娘でもある。

とことん対照的な二人だ。生きる哲学、価値観の違いを、ファッションに宿る美意識を通じて相対的に提示する趣向は実に絶妙だ。

個人主義の桃子と仲間を大切にするイチゴ。二人の友情は、なんだかんだとイチゴが桃子を遊びに誘うことから始まる。冷徹だけれど自分の意見を偽らずに表明する桃子に、イチゴがしばしば示す友情の言葉が甘く響く。

イチゴの記憶力の悪さは、桃子による邪険な扱いを忘れるためにあるのでは、とさえ思えてくる。そんなイチゴだからこそ、桃子は安心して個人主義を唱えていられるのだ、とも。

語り手を桃子とする作品の文体は、服装同様ロリータ風味に着飾っている。気高くて絢爛、そして高慢。敬語は相手を敬うためではなく、相手との距離をとり自分を美しく装うためにあるということに気づかされる。桃子の出身地である尼崎（桃子の言によればヤンキーや元ヤンのあふれかえる町）の血が騒ぐのか、イチゴの影響か。ロリータ風文体がときおり下品な語調へとダイブするのも、この作品の大きな魅力となっている。


（安竹希光恵）

BEST SELECTION

苦手なことに明るく挑戦

書名――『しゃべれども しゃべれども』
著者――佐藤多佳子

本の紹介
喧嘩っ早くて有名な今昔亭三つ葉(本名外山達也)は、二十六歳の噺家だ。ひょんなことから、落語教室の先生を引き受けるはめになる。生徒の四人は「しゃべれない」という悩みを持つ連中だった。

新潮社　1997年8月（1600円＋税）

【著者紹介】

1989年「サマータイム」で月刊MOE童話大賞受賞してデビュー。『一瞬の風になれ』で本屋大賞を受賞。『イグアナくんのおじゃまな毎日』『黄色い目の魚』などがある。

本からのMESSAGE

どうも落語が馬鹿にされている気がする。でも、案外、そこが味噌かもしれない。野球だと真剣勝負になるが、落語で力んでみせても、本当に笑われるだけだ。

三つ葉による落語教室の生徒は、年齢性別の垣根を超えてしまっている。

三つ葉の従弟で、テニス教室のコーチのアルバイトがきっかけで吃音が出るようになった綾丸良。長くて真っ黒な髪をした二十歳前後の元役者の十河五月。関西弁を使いクラスでいじめにあっている（本人は喧嘩だと言い張る）小学生の村林優。野球解説の仕事はできないが実は毒舌の、常に代打だったプロ野球選手、河原太一。

学校や職場と切り離された場所に、「しゃべれない」ことだけをよりどころにして、生徒たちは集まった。「しゃべれない」彼らが、当たり障りのない会話などできるわけがない。傷を舐め合うこともできない。居心地悪そうに黙り込むか、遠慮なくぶちまけて喧嘩になるかのどちらかだ。

先生役だった三つ葉もまた、自分が目指す古典落語に自信を失いしゃべれなくなる。しゃべる者がしゃべれない者を救うという構図を崩したわけだ。

三つ葉も含めた五人が抱える「しゃべれない」という悩みは、傍から見たら、とるに足りないものかもしれない。でも、当人たちにしてみれば、重大な悩みなのだ。そうした心の揺れをきちんと表現するところも、この作品の優しさだ。しかも、しゃべれない者同士、足をひっぱりあったり、依存しあったりしないところがなおいい。

実は、彼らがしゃべれないのは自信を失ったからだ。でも、単純に自信を取り戻せば丸くおさまるわけでもない。真剣になりすぎて、自分の中に閉じこもるようでは、だめなのだ。だれかと「しゃべる」うえでは、人間の中にある弱さを受け止めることも必要になる。自分の中にある弱さ、そして相手の中にもある弱さまでも。

作品全体にはほのぼのとした雰囲気が広がっている。三つ葉が四人に向けるまなざしが、温かく真剣で、おかしみを含んでいるからだろう。笑えて泣けて元気になれるエンターテイメント。大切な友達に貸したくなる本だ。


（安竹希光恵）

BEST SELECTION

空色のコップは良心のあかし

書名――『木かげの家の小人たち』

著者――いぬいとみこ

本の紹介
森山家には小人がひそやかに暮らしていて、人間は、毎朝、空色のコップに一杯のミルクを届けなくてはならない。太平洋戦争に突入した不穏な空気の中で、少女ゆりは務めを果たすために孤独なたたかいを強いられる。続編に『くらやみの谷の小人たち』。

福音館文庫　2002年6月　（700円+税）

【著者紹介】

一九二四〜二〇〇二。東京都生まれ。保育士を経て、一九五〇年に同人誌『豆の木』に参加し、文筆活動を始める。『ながいながいペンギンの話』（一九五七）、『北極のムーシカミーシカ』（一九六一）などのファンタジーのほか、ビキニ環礁での水爆実験を扱った絵本『トビウオのぼうやはびょうきです』（一九八二）。

本からのMESSAGE

「小さい人たち」のたべものは、ミルクだけときまっているのです。よろしいね、タツ。このカップにミルクを入れて、毎日まどに出すことを忘（わす）れないで。もしも人間がそれを忘（わす）れると、この人たちは生きていられません。

誠実さが受け継がれる物語である。明治時代に来日し、時局の悪化で帰国せざるを得なくなった宣教師のミス・マクラクランは、「約束のまもれる少年」森山達夫に、イギリス生まれの小人のバルボー・アッシュと妻のファーンの世話を託す。人間は、彼らのために毎朝、空色のガラスのコップ一杯のミルクを届けなくてはならない。やがて、アッシュ夫婦には、娘のアイリスと息子のロビンが生まれ、お世話は、達夫から子どもたち―哲、信、ゆりのうち、末っ子のゆりへ託されていく。

小ささの中に強さを見出す物語である。太平洋戦争は主題ではないが、「時代」というもうひとつの主人公として、どすぐろい影のように人々と小人を脅かす。ものが不足し、だれもが空腹に苦しむ様子は、読者も泣きたいほど、つらい。

英文学者になった達夫は特高に連行され、軍国少年になった信は、小人にミルクを届けるゆりに冷たい。ひよわな都会っ子のゆりは、縁故疎開先の長野に小人を連れていき、排他的な村の中で苦労を重ねて彼らを守る。追いつめられたすえに病気にかかり、小人のためのミルクに口をつけ、気づいたときには、ゆりを頼れなくなった小人たちは野に出たあとだった。しかし、ゆりは再び小人と会うために、空色のコップに山羊のミルクを用意し、七十七日の間、窓辺に置きつづけて「つぐのい」をするのである。

ゆりの小ささの中にある強さは、様々な形で困難な時代をのりこえる誠実さと結びつき、胸を打つ。ゆりを助けたいつとむ。達夫を支えきった透子や平和な日本を誰よりも望んでいた哲。彼女のまわりには、たしかなネットワークがある。

その足下には、ひっそりと暮らす奇妙な土着の小人のアマネジャキがいる。つむじ風のように動き、思ったことと正反対の言動を口にするアマネジャキは、彼独特のやり方でアイリスとロビンに手を差しのべる。そして、ゆりと同じ魂を持つアイリスとロビンは、親世代とは異なる選択をし、分断されることなく、今いるこの場で、アマネジャキと生きていくことを選ぶ。

時代の空気に負けることなく、小ささの中に誠実さと強さを見出し、受け継ぐ物語である。

だから、今こそ。

（鈴木宏枝）

BEST SELECTION

世界一〝ウザい〟ヒーローの話

書名――『チルドレン』
著者――伊坂幸太郎

本の紹介
家裁調査官の陣内を中心にすえた連作短編集。陣内の大学時代の友人や仕事の後輩など、彼を取り巻く人物がかわるがわるに語り手となり、銀行強盗から少年の万引きまで五つの事件を描く。

講談社文庫　２００７年５月（６００円＋税）

【著者紹介】

１９７１年生まれ。『オーデュボンの祈り』で新潮ミステリー倶楽部賞を受賞しデビュー。『アヒルと鴨のコインロッカー』で吉川英治文学新人賞を、２００４年『死神の精度』で日本推理作家協会賞短編部門を受賞。

本からの
MESSAGE

「…白いカラスもいるじゃないですか。偉そうに決めつけないでくださいよ。これだから、大人ってのは嫌なんですよ」

その時も、陣内さんはまるで怯（ひる）むことがなく、平然とこう言ったらしい。「それは白じゃない。薄い黒だ」

前回の二〇〇九年版でこの作品を紹介したときは、新潮ミステリー倶楽部賞を受賞したデビュー作『オーデュポンの祈り』に出てくる予知能力を持ったカカシが、ミステリー文学には異質な存在として物議を醸したことを紹介したが、今や、ミステリー作家という枠を遥かに超えて活躍する伊坂にそんな紹介や注釈はもはや不要だろう。

その後も次々とヒットを飛ばし、今や映像化作品が一〇作を超える人気も、うなずける。練られた構成、わずかな視点のずれや時間のずれを活かした謎解きと、どんでん返し、それぞれに格好いいキャラクター、作品間の人物や事件の絶妙なリンク。そんな伊坂作品の魅力が凝縮されているのが本書だ。

主人公陣内は決してみんなに好かれるヒーロータイプではない。家裁調査官のくせに、「いいんだよ、こんなのは。適当でいいんだ。少年なんてさ、みんなやることは一緒」と言ってみたり、盲導犬にひったくりをさせようとしたり、失恋して女子高生に八つ当たりしたり、むしろかなりウザい男なのだ。

じゃあ、ダメ人間に見せているけれど実はいい奴、というキャラクターかというと、それですらない。目の見えない友人、永瀬が、見知らぬ女性から「過剰な同情」でお金を渡された場面を見た陣内は言う。「ふざけんなよ」でも、それは善意を押しつけた女性への憤りではない。「何で、おまえがもらえて、俺がもらえないんだよ」つまり陣内は、金をもらい損ねたことを心底怒っているのだ。ふりでも芝居でもなく、本気で。

相手が普通の人間なら、ありえないと疑ってかかるところだが、「まあ、陣内ならありえるな」と陣内の友人たちも、読者も、納得してしまう。それが陣内のすごいところであり、格好よさなのだ。一方で、常に冷静な永瀬は、正統派の格好いいキャラクターとして女性読者に人気が高いらしい。そして、そんな彼らの存在自体が、痛烈な社会批判になっているところも、伊坂作品にハマってしまう理由なのだ。


（三辺律子）

2章

とにかく面白い本を読みたい！

空想の世界に羽ばたける本

BEST SELECTION

これを読まずにファンタジーを語るな！

書名――『漂泊の王の伝説』
著者――ラウラ・ガジェゴ・ガルシア
訳者――松下直弘

本の紹介
若く有望な王子が詩のコンクールで三度続けて、文字も読めない絨毯織りの男に負けてしまう。アラビアンナイトの世界を舞台に繰り広げられる、嫉妬にかられた王子の残酷な仕打ちと、そこから始まる冒険の物語。

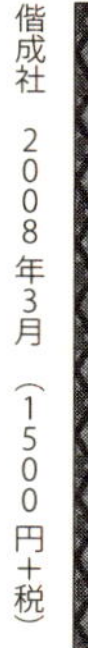
偕成社　2008年3月（1500円＋税）

【著者紹介】
1977年、スペインのバレンシアに生まれる。バレンシア大学で学びながら、21歳のとき『この世の終わり』でバルコ・デ・バポール児童文学賞を受賞し、デビュー。『漂泊の王の伝説』で二度目の同賞受賞を果たす。

本からの MESSAGE

キンダ国王は、その夜のできごとに衝撃を受けて部屋をでた。そのときになって、やっと状況がのみこめたのだった。

ハンマードは完全に失明していた。

それでもなお、織りつづけていた。

C・S・ルイスの『ナルニア国物語』やJ・R・R・トールキンの『指輪物語』から、アーシュラ・K＝ルグィンの『ゲド戦記』やJ・K・ローリングの『ハリー・ポッター』まで、第二次世界大戦後たくさんのファンタジーが出版されてきた。そういった作品のほとんどに出てくるのが、魔法、魔法使い、悪魔、天使、魔法の石、剣、英雄、妖精、異世界、選ばれし者、光と闇、闇の支配者……。

しかしそういったものばかりがファンタジーなんだろうか？　いや、そんなことはない、ファンタジーの世界は想像力の行き着く先のその先まで広がっているのだ。日本でも小野不由美、荻原規子、上橋菜穂子、乾石智子、阿部智里といったファンタジー作家がとてもユニークな作品を書いている。もちろん英米でもロード・ダンセイニの『ペガーナの神々』やマーヴィン・ピークの『ゴーメンガースト』や、タニス・リーの『闇の公子』なんかは、これっぽっちも子どもっぽくない、じつに暗く、大人っぽいファンタジーだ。

スペインの『漂泊の王の伝説』はさらにファンタジーの広さと奥深さを教えてくれる。

舞台は昔むかしのアラビア。キンダ王国のワリードは立派な王子として有名で、詩を作らせても右に出るものはいなかった。ところが、あるとき詩のコンクールを行ったところ、なんと、三度続けて、絨毯(じゅうたん)織りの男に負けてしまう。くやしさとねたみで、われを忘れたワリードは絨毯織りの男を宮廷に閉じこめ、大広間いっぱいの歴史の資料を整理させる。そしてそれが終わると、「人類の歴史すべてを織りこんだ絨毯」を作るよう命令する。やがて男は失明するがそれでも織り続ける。それをみた王子は自分のしたことにぞっとして、「もういい」といおうとするが、男はそのとき……。

ここまでですでに一冊のファンタジーができあがりそうだが、ここから、おそろしい絨毯をめぐる王子の運命の冒険が始まる。

ファンタジーには飽きちゃったという人にも、これからファンタジーを読もうと思っている人にも勧めたいファンタジーの傑作。

（金原瑞人）

BEST SELECTION

「リアルな」別世界にわくわくする人へ

書名──『ストラヴァガンザ　仮面の都　上』

著者──メアリ・ホフマン　訳者──乾侑美子

本の紹介

二十一世紀のロンドンで暮らす少年ルシアンは、重い病気でベッドから出ることもできない。しかしあることがきっかけで、異世界へ旅をすることに。中世のベネツィアに似たその世界では、科学と共に魔法が息づいていた。

小学館　2010年7月（1100円＋税）

【著者紹介】

1945年イギリス生まれ。児童書を中心に九十冊以上を出版。イタリア語も堪能で、古英語、ラテン語にも造詣が深い。娘のリアノン・ラシターも児童書作家。

本からの MESSAGE

「錬金術師とはなにか、知っているかね？」「鉛から金をつくろうとした人たちですよね？」「きみの世界では、そうだ。ここではもちろん、われわれ自然哲学者たちは、銀をつくろうと努力している。金をつくるのはたやすい」

本書の最後には、「ストラヴァガントについてのノート」といの覚え書き」と、「タリアについてのノート」というおまけがついている。ストラヴァガントというのは、時空を越えてパラレルワールド【ある世界（時空）から分かれ、並行して存在する別世界（時空）のこと】を旅する者のことだという。「覚え書き」ではさらに、こうした時空間の旅が一五五二年の錬金術上の事故から生まれた経緯が説明されている。

タリアは、物語の舞台である。「ノート」によれば、イタリアのパラレルワールドであり、首都はローマではなくレモーラで、現実世界でいえばシエナの近くに存在するらしい。

こうした別世界の「リアルな」設定を読むだけでドキドキする人は、まちがいなくこの本の読者だ。

イギリスで暮らす少年ルシアンは、脳の腫瘍のために辛い療養生活を強いられている。だが、ふとしたきっかけで手に入れた手帳のおかげで、時空を越えて旅をするストラヴァガンテとなり、一六世紀のタリアの都市ベレッツァと、二十一世紀のイギリスとの二重生活を送るようになる。

ベレッツァは十六世紀のベネツィアのパラレルワールドであり、中世風の美しい都だ。ルシアンの世界では魔法としか思えない技が科学として研究され、レースやガラスなどの美しい工芸品が生産されている。政治と宗教と経済が複雑に絡み合ったこの都を知恵と策略をもって治めるのは、ドゥチェッサと呼ばれる女公主。野望と陰謀、恋と情熱の渦巻く世界に、ルシアンは心も体もとらわれていく。

十五歳のルシアンが主人公である一方で、中年を迎えてもなお妖しい美しさをまとうドゥチェッサの大人の恋が描かれるところも、この作品の魅力のひとつだ。

もうひとつ、興味を引くのは、物語の最後でルシアンがベレッツァ、つまり第二世界にとどまることだろう。これまでのファンタジーの主人公たちはみな、現実世界へともどってきたからだ。二巻、三巻ではシエナとフィレンツェが舞台になる。ルシアンがどういう結論を下すか、見届けてほしい。

（三辺律子）

BEST SELECTION

ギリシャ神話が現代アメリカに！

書名──『パーシー・ジャクソンとオリンポスの神々　盗まれた雷撃』

著者──リック・リオーダン　訳者──金原瑞人

本の紹介

一二歳の少年パーシーは、ある日、ギリシャ神話の神の息子だと告げられる。衝撃もさめやらぬまま、デミゴッド(半神半人)たちが集まる訓練所へ。そして、盗まれたゼウスの雷撃の謎を巡る冒険に巻きこまれていく。

ほるぷ出版　2006年3月（1900円＋税）

【著者紹介】

一九六四年アメリカ、テキサス州生まれ。エドガー賞最優秀ペーパーバック賞を受賞したミステリー作家。ファンタジーは本書が初。ADHDの息子に語りきかせた物語が基になっている。

本からの
MESSAGE

受付にいる警備員のところに行って、「六百階まで」といった（中略）「そんな階はないよ」「ゼウスと面会したいんです」

一二歳のパーシー・ジャクソンは、ADHDと難読症を持つため、問題児扱いされ、転校をくりかえしてきた。ある日、メトロポリタン美術館に校外授業へいったとき、いきなり、コウモリの翼の怪物（復讐の女神）に襲われる。助けてくれたのは、車いすの古典教師ブラナー先生だった。

そして、パーシーは衝撃の事実を告げられる。彼は、ギリシャ神話に出てくる、ある神の息子だというのだ。

パーシーが連れていかれた先は、ロングアイランドにある訓練所だった。モンスターに襲われる危険のあるデミゴッド（半神半人）たちを訓練し、身を守るすべを教える学校だという。ADHDも難読症も、デミゴッドである証拠であり、戦うときの集中力が高いこと、そして、古代ギリシア文字を読めることの代償であると判明する。

この訓練所、教官はケイロン（半人半馬のケンタウロス族の賢者）で、支配人はディオニュソス（豊穣とブドウ酒と酩酊の神）だ。そう聞いた時点で、胸がときめく読者も多いだろう。

さらに、オリンポスの神々の住むかの有名なオリンポス山が、ニューヨークのエンパイア・ステート・ビルの六百階（上空）にあると聞けば、心をつかまれずにはいられない。ハデスが支配する冥界も、やはりアメリカの地下深くにあるらしい。入り口は、なんとロサンゼルスのレコーディングスタジオ。また、パーシーの冒険の仲間は、知恵と戦いの女神アテナの娘だ。

ギリシャ神話をなんのてらいもなく引っぱってくるところは、いかにもアメリカン・ファンタジーらしい。もともと人間臭さで知られるギリシャ神話の神々だが、リオーダンがこのパーシー・ジャクソン・シリーズで描く神々も、大型バイクを乗り回したり、アロハシャツにバミューダーパンツ姿だったり、俳句好きだったり、宅配業者だったり、実にさまざまだ。

パーシーの父親はだれなのか？　母親の行方は？　ゼウスの雷撃を盗んだ真犯人は？　ミステリー作家らしい謎でぐいぐい読ませる。新しいファンタジーだ。

（三辺律子）

BEST SELECTION

未知の世界を歩む少女の仲間は龍とネズミだった

書名――『ドラゴンキーパー　最後の宮廷龍』

著者――キャロル・ウィルキンソン　訳者――もきかずこ

本の紹介
古来中国では龍は皇帝の権威の象徴であり、尊重されてきた。だが今は離宮に残るのは一頭だけ。それを自分の名前すら知らない奴隷の少女が世話していた。少女が龍を助けようと連れだしたとき、広大な中国を逃げまわる苦しい旅が始まった……。

金の星社　２００６年９月（２２００円＋税）

【著者紹介】

一九五〇年英国生まれ。十二歳のときに家族とオーストラリアへ移住。同地で長く実験助手の仕事をしていたが、実用書の執筆をへて、物語作家となった。これまでに三十冊あまりの作品を発表している。

本からの MESSAGE

数日前、龍（りゅう）が自分をおいていなくなったときは、山からころげおちて死のうがかまわないという気分だった。けれども今は、自分が死を望んでいないことがわかる。ピンは、新たな力がわきあがるのを感じた。周囲の闇から引きだした力ではない。自分の中から生まれたものだ。

ドラゴンの物語なら英米だろうと思っていたが、古代中国が舞台となり伝奇的要素をもつこの歴史ファンタジー作品は、そういった思いこみをあっさり覆してしまう。

偏見にみちた周囲の評価を鵜呑みにし、虐待されていても状況を脱するすべを知らなかった少女。その少女が旅を通して自己発見を重ね、変化していく様子だけでも、読者の興味を引くだろう。少女が助け出した龍のダンザは、呪術師をはじめ欲深い人間たちに狙われている。そこで物語には「敵」と戦う冒険ものの色合いが加わり、読みだしたらやめられない作品となっている。

少女は物心ついたときから離宮で、龍守り(ドラゴンキーパー)ランのために働く奴隷で、名前を持っていなかったし、自分になついてくれたネズミのファ以外、友人すらいなかった。転機となったのは龍の一頭が死に、ランが生き残りのもう一頭をドラゴンハンターに売ろうとしたことだった。少女は龍を逃がし、自分は何食わぬ顔をして離宮に戻るつもりだった。だがランは保身のために彼女は呪術師だと虚偽の証言をしていた。そのため龍の旅に同行することになる。

龍のダンザは少女に「ピン」という名前があることを伝え、声を使わず会話し、集中して「気」を操れば武器にもなることなど、さまざまなことを教えてくれる。ただ離宮を逃げ出すときに持ち出した「玉」の正体だけは秘密にしていた。ピンには本物の龍守りの資質があると気づきながら、龍守りが女のはずはないという声に耳を貸し、途中でピンを置き去りにする。ダンザもまた、偏見に惑わされたのである。

物語の面白さの一つは、ピンが奴隷のときに身につけた生活の技が役にたつことや、頭を働かせ、あれこれの方策をたてていくところにある。千里眼をもち空を飛び変身もできるが年老いたダンザ、敏捷に動けるが小さなネズミのファ、勇敢だが非力なピンと三者が三様の力を発揮し、役割を分担して危機を切り抜けていくのは、クールだ。

物語の終盤、ピンは新皇帝リュウチャと友情を育むが、最終的にはドラゴンキーパーとして責任を果たす道を選んでいる。この選択こそ、ピンの成長の証左であろう。

(西村醇子)

BEST SELECTION

読者を捉えて放さない別世界の魅力

書名——『黄金の羅針盤』

著者——フィリップ・プルマン　訳者——大久保寛

本の紹介
イギリスのパラレルワールドを舞台に、魔女やしゃべるクマの力を借りて深遠な謎に挑む十一歳の少女ライラと、ダイモンと呼ばれる守護精霊パンタライモンの活躍を描く壮大なファンタジー。

新潮社　2007年9月（950円+税）

【著者紹介】

1946年イギリス、ノリッジ生まれ。本書『黄金の羅針盤』と『神秘の短剣』『琥珀の望遠鏡』からなる「ライラの冒険」シリーズは代表作でカーネギー賞、ガーディアン賞、ウィットブレッド賞を受賞。

本からのMESSAGE

ダイモンを持たない人間は、顔がないのとおなじことだ。あるいは、胸を切りひらかれて心臓をえぐりだされたのとおんなじだ。

世紀末からのファンタジー・ブームはハリー・ポッターから始まったと考えがちだが、実はその前に大きなきっかけを作ったのが、この『黄金の羅針盤』だ。発表されたのは、『ハリー・ポッターと賢者の石』に先立つこと一九九五年（日本版は一九九九年）。二〇〇〇年に出た三巻『琥珀の望遠鏡』は、児童部門から初めてのウィットブレッド賞（現在のコスタ賞）の最優秀賞に選ばれた。つまり、児童向けのファンタジーが大人の心も捉えることが、いわば公式に認められたのである。その後のハリー・ポッター人気と相まって、大人も巻き込んだファンタジー・ブームが起きる。

主人公ライラは両親を事故でなくし、オクスフォード大学の寮で暮らしている。とはいえ、ライラの世界はパラレルワールドで、この世界の人間は必ずダイモンと呼ばれる動物の姿をした守護精霊を持っている。ライラは自分のダイモンであるパンタライモンと共に、失踪したおじと子どもたちを捜しに北極へ向かう。

濃厚な英国的ムードも魅力だし、生きる力にあふれるライラも共感を呼ぶ。謎の物質ダストにからめたキリスト教的価値観を問い直す試みは、多くの批評的関心を呼んだ。けれど、これほどまでに人々の心をとらえたのは、この作品が本物の別世界を描いていたからだと思う。

ダイモンや魔女や鎧をつけたクマが存在すること自体、別世界には違いないのだが、別世界を別世界たらしめているのは、物語から立ちのぼる空気なのだと思う。

ライラの世界では、人間とダイモンは切っても切れない存在で、ダイモンがいない人間は顔がないように見える。また、世界に六つしかない真理計は膨大な知識で読み取る計器であると同時に、扱うのに特殊な才能を必要とする魔法の道具だ。こうしたこの世界独自の法則が、物語の中に空気のように充満している。ああ、ここは別世界なんだと、読む者をぞくっとさせる空気。この空気だけは、ただ魔女や竜をうじゃうじゃ登場させたところで、ぜったいに生み出せない。

この空気が二巻、三巻と変調していくのもまた面白い。ファンタジーというのは本当に奥深い文学だと実感させてくれる一冊だ。　（三辺律子）

BEST SELECTION

作者に騙されてみませんか？

書名――『七人の魔法使い』
著者――ダイアナ・ウィン・ジョーンズ　訳者――野口絵美

本の紹介
ハワード一家に突然、「ゴロツキ」が現れた。誰かの使いで、父に貸しがあるとか。それがきっかけで、町が七人の兄弟魔法使いに支配されていると気づいたハワード。誰かが世界制覇の野望を持つ七人兄弟を足止めしているらしいのだが。

徳間書店　2003年12月（1700円＋税）

【著者紹介】
英国屈指のファンタジーとSF文学の作家。読み手の意表をつく筋の展開とジャンルの枠に収まらない越境性が最大の特徴。今作のような単独作品を好むが、〈ハウルの動く城〉三部作、〈大魔法使いクレストマンシー〉ものなどもある。二〇一一年に病没。

本からの
MESSAGE

ハワードは、体の中で何かがほどけていくような、奇妙(きみょう)な感じを味わっていた。（中略）まだぼやけていて、くしゃくしゃと折(お)りたたまれているようで、その力が大きく育って広がっていったら、最終的(さいしゅうてき)にどんな形になるかはわからないが、とても強い力だということはまちがいない。

誰だって、学校から戻ったら家のなかに不気味な大男が居座っていたら、びっくりする。ゴロツキみたいなこの男は、ハワードの父に「二千」を受け取りにきたという。まさか二千ポンドの要求？でも欲しがっているのは、父が書いたオリジナルの原稿「二千語」だとか。訳がわからない。

困ったことに、父はすでに今回の分は書いた以上、書き直しはしないと拒否。それからは、どんどん厄介なことが続き、暮らすのが困難になった。ハワードはしかたなく妹を連れ、原稿の行方を捜しはじめた。その途中で自分たちの町が陰で七人の魔法使いに支配されていたとわかった。でもわからないのは、彼ら七人の居場所と父の原稿の使い道、そして誰の言葉が真実なのか。謎は深まるばかりだ。

ハワードが手がかりを求めて人々を訪ね歩き、少しずつ情報を得ていくところは、彼を探偵役としたミステリー小説にみえる。ただしそれだけで終わらないのが、ジョーンズという作家だ。町を部門ごとに仕切っていた魔法使いたちは、力を利用して父に圧力をかけはじめる。

たとえば電気とガスを管理していたアーチャーは、テレビ画面に「アーチャーは観ている」と文字を映し続け、ガスや電気、銀行のお金まで使えなくする。音楽を受け持つトーキルは、たえずいろいろな曲を演奏させ、家じゅうに不協和音を響かせる。ハサウェイは、作業員に不必要な道路工事を行わせ、家の周りを穴だらけにする、といった具合だ。

ハワード一家の苦境は、人々が政府に「監視」され「管理」される社会を描いた、ジョージ・オーウェルの政治小説『一九八四年』に似ているので、風刺も込められている。抵抗を続ける家族は戸外で料理をしたり、重ね着で防寒対策をしたり、工夫で切り抜けていたが、根本的な解決とは程遠い。そこでハワードは、集めた情報をもとに推測を重ね、意外な真相にたどりつく。十三歳のハワードが己の能力に気づくことは、思春期のもつパワーの比喩だが、そこにSFの要素と、メタフィクションの仕掛けが加わる。ハワードたちが魔法使いを追い払う結末では、思わず息をつめて読むだろう。読んでいたあなたも、騙されたと思うのでは？

（西村醇子）

BEST SELECTION

歴史ファンタジーに異類婚ロマンスの隠し味

書名――『狐笛のかなた』

著者――上橋菜穂子

本の紹介
国境の水源をめぐって対立し、殺し合いが続く二つの国。人の心が聞こえる小夜は、両国の争いで母を失った。その小夜がかつて救った狐の野火は、呪者の使い魔の霊狐(れいこ)。この出会いがやがて、両国の争いにまで影響するとは、誰も予想できないことだった。

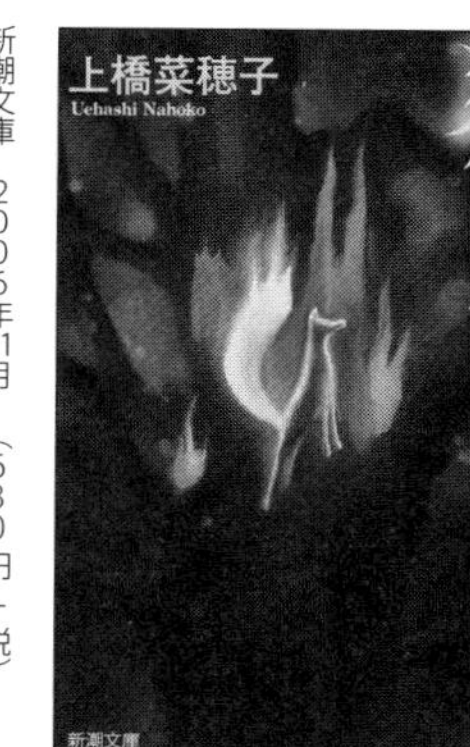

新潮文庫　２００６年11月　（６３０円＋税）

【著者紹介】
東京生まれの作家。オーストラリアの先住民アボリジニを研究する文化人類学者、川村学園女子大学特任教授でもある。『精霊の守り人』以下の〈守り人〉シリーズをはじめ、『獣の奏者』シリーズ、『鹿の王』などで注目を浴び続けている。数々の作品賞に加え、二〇一四年には作家として国際アンデルセン賞を受賞。

本からの MESSAGE

すいこまれそうに美しい野火の瞳(ひとみ)を見つめていると、胸の底がふるえる。

人も狐もない。

ひとりぼっちだと思っていた、あの日々にも、いつも野火はそばにいたのだ。ふれあうことをゆるさない、深い溝(みぞ)にへだてられていたけれど。

代表作の〈守り人〉シリーズほか、架空の国を舞台としてファンタジー作品を展開してきた作者。本作では珍しく日本の原風景ともいえる野山を舞台とし、いがみ合う二国の争いを描いている。天狗や異類婚の説話の要素が取り入れられたファンタジー作品は、初めて読む者にもどこか懐かしい雰囲気を感じさせる。

小夜はある日、犬に追われていた子狐を懐にかくまって助けた。そのとき、森陰屋敷へ逃げたことが、屋敷に暮らす小春丸との出会いをもたらす。小春丸は春名ノ国領主の次男だが、対立する湯来ノ国の暗殺者を警戒する父の命で、幽閉同然の身だった。小夜と小春丸はいっとき遊び仲間となるが、やがて交流は途絶える。

それから四年後。小夜は自分の「聞き耳」の力が、亡き母譲りであること、その母が春名ノ国の領主のために働いていたこと、自分の記憶が母の仲間によって封印されていたことなどを知る。そして水源や領土をめぐって対立する国の争いが、後継ぎ問題で再び火を噴いたとき、小夜もまた否応なしに争いに巻きこまれていた。それは、相手国側の呪者に使い魔として使われていながらも、暇を見つけてはこっそり小夜を見守り続けてきた霊狐の野火と、小夜が敵対する立場になることを意味していた。

利害関係が複雑に入り組んでいる物語なので、複数の視点が使われている。それによって小夜だけでなく、領主やその子ども、呪者や使い魔などの視点でそれぞれの立場と苦しみがはっきりする。ことに呪者によって使い魔にされた霊狐には、〈彼の世〉と〈この世〉の狭間である〈あわい〉しか、故郷となる場所が残されていない。

殺伐とした争いが中心となっているだけに、そのなかで、霊狐の野火が小夜に向ける思いのまっすぐさ、そして、小夜が野火の困難な立場を知ってなお抱く思いが、読み手の胸を締めつける。また、ところどころに、いかにもファンタジーらしい場面があるのも読みどころだ。もちろん呪いを使った攻防の場面もそうだが、それ以外でも、たとえば野山で初めて小夜が舞いによって技をふるう場面などは抒情的な美しさにあふれていて、忘れがたい。

（西村醇子）

BEST SELECTION

獣と心を通わせる女の子を描いたファンタジー

書名――『獣の奏者Ⅰ　闘蛇編』

著者――上橋菜穂子

本の紹介

闘蛇を死なせた罪で母親を処刑され孤児となったエリンは、蜂飼いに助けられる。獣ノ医術師の母のもとで育ち、優れた師を得て、天賦の才を開花させる。獣が政治の道具として利用されるのを目の当たりにして、エリンが取った行動とは……。

講談社文庫　２００９年８月　（６２９円＋税）

【著者紹介】

日本を代表するファンタジー作家。国際アンデルセン賞作家賞などを受賞。作家活動に取り組む一方、川村学園女子大学で文化人類学を研究している。

本からの MESSAGE

笛を鳴らした瞬間(しゅんかん)、硬直(こうちょく)する闘蛇(とうだ)を見るのは、ほんとうにいやだった。……人に操(あやつ)られるようになった獣(けもの)は、哀(あわ)れだわ。野にいれば、生も死も己(おのれ)のものであったろうに。

本作は序章から衝撃の展開をみせる。十歳の女の子であるエリンの目前で、母親が闘蛇に喰い殺されてしまうのだ。

闘蛇とは、矢を通さない鱗を持ち、人馬もろとも噛み砕くことができる巨大生物である。エリンが暮らしていた大公領では闘蛇を戦闘用に調教して戦力として利用しているのだが、調教された闘蛇は繁殖しないため、至宝とされている。エリンの母親ソヨンは最強の闘蛇「牙」を世話する闘蛇衆の一人で、獣ノ医術師としての腕を高く買われていた。

しかしながら、ソヨンとエリンの母娘は異端の者として遠ざけられている。ソヨンが秘法を使うと信じられている「霧の民」の出身であったからだ。十頭の「牙」が死んでしまった時、ソヨンは当たり前のようにスケープゴートにされ、闘蛇による極刑に処される。

孤児となったエリンは、流れ着いた真王領で蜂飼いのジョウンという初老の男に助けられることになる。ジョウンとの生活を通して、生き物の営みの不思議に魅せられていく。彼女の旺盛な好奇心は自然界の営みの不思議を発見し、卓越した観察眼はその不思議を解き明かす。天賦の才を開花させながら伸びやかに成長するエリンの暮らしは、ジョウンならぬ読者であるわれわれでさえも、永遠に続いて欲しいと願わずにはいられないような、知ることの喜びに満ちた日々であった。やるせない事件から幕を開けただけに、なおさらだ。

やがてエリンは、人と獣の間にある越えられない壁に直面し、知ることに伴う悲しみを痛感する。母親のソヨンもまた、闘蛇の行動を縛ることができる音無し笛を嫌っていた。闘蛇に触れるためには闘蛇が嫌う音無し笛を使わなければならないという二律背反がソヨンを苦しめずにはおかなかったのだ。

エリンがソヨンの苦しみを知ることになるのは、闘蛇と浅からぬ関係にある王獣の世話をするようになり、王獣の秘密にたどり着く続編でのことである。らせん状に回帰する巧みな構成と丁寧な描写に導かれながら、馴れ合いを許さない、厳しくも美しいファンタジー世界に酔いしれたい。

（目黒 強）

BEST SELECTION

魂をさらっていくモダンファンタジー！

書名――『魔女の愛した子』

著者――マイケル・グルーバー　訳者――三辺律子

本の紹介
醜い男の子と、その子を拾った魔女がつむぎあげる、魔女狩りの世界を舞台にした愛と憎悪と救済のファンタジー。現代的な鋭い視点と、昔話をユーモラスに取りこむパロディ感覚が見事にひとつになっている。

理論社　2007年7月（1500円＋税）

【著者紹介】

スーパーナチュラル・ミステリ『夜の回帰線』でデビュー。ほかに『血の協会』『わが骨を動かす者へ――1611年のシェイクスピア』などが翻訳されている。

本からの MESSAGE

子どもたちはランプをひとり、闇(やみ)のなかに残して出ていった。
憎しみは破れた夢を土壌(どじょう)にしたとき、もっともよく育つ。ランプは生まれて初めて、
胸を焦(こ)がすような激しい憎しみを味わった。

魔女が拾った子は、豚のような鼻と、コウモリのようなでっかい耳と、しまりのない大きな口を持つ、驚くほど醜い赤ん坊だった。魔女は、石を積めた袋のようなごつごつした体の子にランプという名をつけて育てることにした。魔女の家にはほかに乳母代わりのやさしいクマと、賢く機敏でちょっと皮肉屋のネコがいた。

ところが、大きなクマと魔法に守られたランプはうぬぼればかり強くなっていく。そこで雇われた家庭教師が、魔女にうらみを抱く魔神。魔神はランプによこしまな心を植えつける。一方、魔女は子育てのことなど何も知らない。ランプはいよいよ増長し、ひねくれていく。やがて、ランプは人間に出会って、自分の醜さを思い知らされたとき、人間を憎み、母親を憎み、そして自分を憎むことになる。そのうえ、旅先で、まれにみる美女を愛してしまう。ところが魔女たちが訪れたその国では、魔女狩りが堂々と行われていた。

この呪われた男の子と、この子を愛する不器用な魔女は、どこまでも不運の渦の中に巻きこまれ、まわりの動物や人々を引きずりこんでいく。そしてこの悲劇は、愚かで残酷な人間によって、さらに愚かしく残酷なものになっていく。

昔からの母と息子の愛をテーマにした骨太のファンタジーなのだが、もうひとつの魅力は、あちこちに昔話やおとぎ話が思いもよらない形で織りこまれていることだ。ピノッキオは曲芸師になっているし、ヘンゼルはフェンシング道場を経営している。また、青ひげの娘は父親の最期をユーモラスに語る。そして、なにより後半でランプが、グリム童話のひとつを演じるところが素晴らしい。

その他、赤ずきん、シンデレラ、眠れる森の美女なども現代的な形で登場する。ときに楽しく、ときに切ない形で。

そして最後の最後、この作品のエンディングは決して読者を裏切らない。だれもが文句なく拍手を送りたくなるはずだ。

まさに現代作家にしか書けない、モダンファンタジーの傑作。ドナ・ジョー・ナポリの『逃れの森の魔女』のファンにはとくにお勧め。

（金原瑞人）

BEST SELECTION

懸命に生きる十二歳の少女の物語

書名——『天山の巫女ソニン　1　黄金の燕』

著者——菅野雪虫

本の紹介

巫女になるべく天山で修業をしていたソニンは素質がないとして、十二歳で親元に戻される。しばらく家族と暮らした後、沙維の国、末の王子イウォルの侍女として城にあがることになり、政治の陰謀に巻き込まれていく。

講談社　2006年6月（1400円＋税）

【著者紹介】
2005年「ソニンと燕になった王子」で第46回講談社児童文学新人賞を受賞。改題・加筆をした本書がデビュー作品。ペンネームは、子どものころ好きだった、雪を呼ぶといわれた初冬に飛ぶ虫の名から。

本からの MESSAGE

—大丈夫か？

という声が聞こえました。「あっ」と、ソニンは王子の顔を見ました。

「ひょっとして、手をふれていると声が聞こえるの？」

—そうらしい。こんなことは今まで初めてだ。

沙維（サイ）の国にそびえたつ、細く高い山、天山。山の中腹には巫女（みこ）が住み、薬を作り、病や傷をいやす勉強をしていますが、ときに「夢見（ゆめみ）」と言われる大きな仕事を受けることがあります。体から魂を切り離し、空に放ち、自由自在にさまざまなものを見て、仲間に伝えるのです。この物語の主人公、ソニンは、夢見で巫女の素質がある赤ん坊として見つけられ、天山にあがりました。

修行を続けてきましたが、十二歳になり、見込み違いとして里に帰されます。山の暮らしと違い、家族と暮らし、畑を耕す生活に戸惑いながらも、優しい姉や母、無口ながら家族を愛している父に見守られ、つつましやかな、ふつうの生活になじんでいきます。

ある日、村に七人の王子の行列が通ります。見目麗しく、国の将来を背負う王子たちを一目見たい、と村の娘たちは大騒ぎ。末の王子イウォルの落とし物を届けたソニンは、お礼を言う王子に「どういたしまして」と答えて、波紋を呼びます。王子は誰とも話すことができないのです。どうやら王子に触れていると、ソニンだけ声が聞こえるようです。このことをきっかけに、城にあがることになります。イウォル王子の侍女として。

沙維の国をとりまく巨山（コザン）、江南（カンナム）の関係は悪化し、いつ戦がはじまってもおかしくないなか、ソニンは偶然、不穏な会話を聞いてしまいます。そのため、突如として昏睡状態に陥った王子たちに、薬を盛った犯人にされてしまいます。巫女の経験を活かして夢見をし、王子たちを助けようとしますが、囚われてしまい、自由を奪われます。刻一刻と憔悴（しょうすい）していく王子たち。ソニンと王子の運命は、どうなってしまうのでしょう。

政治の陰謀に巻き込まれたソニンが、数奇な運命を乗り越え、自分の生きる道を確立していく姿がまっすぐで美しく、魅了されます。

また、沙維、巨山、江南の三つの国の様子が描かれ、アジアンテイストなファンタジー世界に誘われます。続編ではそれぞれの国が舞台になり、わくわくする展開が待っています。外伝もあるので、たっぷりと物語に浸りたいときには、ぜひ手に取ってみてください。当分、三つの国から抜け出せなくなりますよ。

（森口泉）

BEST SELECTION

ドレスが映す心のかたち

書名――『ヴィクトリアン・ローズ・テーラー
恋のドレスとつぼみの淑女』
著者――青木祐子
本の紹介
恋を叶えてくれるという噂で評判の仕立屋『薔薇色』に公爵家の令息から依頼が舞い込む。社交界デビューする妹のフローレンスのドレスを仕立ててほしいというのだ。フローレンスの秘密に気づいた縫い子のクリスが仕立てたドレスとは……。

集英社コバルト文庫
2006年1月（495円+税）

【著者紹介】

『ソード・ソウル』（集英社コバルト文庫）でデビュー。以後、本シリーズをはじめ、集英社コバルト文庫で活躍しているが、近年では集英社オレンジ文庫などに活躍の場を拡げている。

本からの MESSAGE

「あなたのドレスがフローレンスにいい影響を与えればいいのですが」
「わたしはただフローレンスさまの心のかたちを仕立てるだけですわ」

ヴィクトリア朝期のイギリスを舞台とした少女小説は少なくないが、本シリーズはヴィクトリア朝文化を彩ったドレスを通して人の心の光と闇を描き出したユニークな作品だ。

主人公のクリスは十六歳にして仕立屋『薔薇色』の店主をつとめている。大人しくて地味な服装をしているため、「堅物の家庭教師」と勘違いされることもあるクリスだが、天賦の才に恵まれた縫い子であった。女性の心を象ったドレスを仕立てることができるため、恋が叶うという噂が立つなど、評判となっている。

一巻では、社交界デビューする妹のフローレンスのために、公爵家の長男であるシャーロックがドレスを注文する。乗馬事故が原因でフローレンスは社交界デビューを拒否しているのだが、採寸の際にフローレンスの心に触れたクリスは彼女の秘密に気づく。

フローレンスをめぐる謎が解明されるのに伴って、その真相を体現するかのように、クリスはドレスを仕立て上げていく。

フローレンスがくるりと体をまわすと、つぼみが花開くかのように、一番上の布がふわりとひろがり、隠されていたもう一枚、オレンジ色のペチコートが裾からのぞいた。

「親指姫」と名づけられたドレスが開示する真相は、せつなくて甘酸っぱい。意匠が凝らされたドレスの数々は、シリーズの読みどころの一つだろう。

さらに、ドレスが心の美しさのみを反映する訳ではないことも、本シリーズに深みを与えている。ドレスの残酷さを通して貴族社会の闇がクローズアップされるとともに、ドレスを通して他人の恋心に触れてきたクリスが自らの恋心と向き合うようになる。クリスの個人的事情に加えて、身分違いの貴族が相手であるため、階級社会ならではの困難が立ちはだかることになる。恋の成就が前途多難であるだけに、応援せずにはいられない。

二九巻に及ぶシリーズであるが、クリスの相棒パメラをはじめ、魅力的なキャラが多数登場し、意外だけど腑に落ちる展開が繰り広げられる。読み始めたら止められないので、寝不足を覚悟してから手に取りたい。

（目黒　強）

BEST SELECTION

RPGの世界を舞台とした経済ファンタジー

書名――『まおゆう魔王勇者①「この我のものとなれ、勇者よ」「断る！」』

著者――橙乃ままれ

本の紹介

魔王城に乗り込んだ勇者が出会ったのは、経済学が専門の魔王であった。魔王を倒せば平和になると信じていた勇者であったが、魔王から戦争終結後の世界の混乱を説かれ、魔王とともに戦後の平和を見据えた茨（いばら）の道を歩むこととなる……。

KADOKAWA
2010年12月（1200円＋税）

【著者紹介】
インターネット掲示板の「2ちゃんねる」で発表していた本シリーズでデビュー。他には、小説投稿サイト「小説家になろう」の連載を書籍化した〈ログ・ホライズン〉シリーズがある。いずれも、テレビアニメ化されている。

本からの
MESSAGE

魔王「経済というのは血が流れない戦争なんだ」
勇者「おっかないよ。戦闘能力のない魔王を初めておっかないと思ったよっ!?」

本シリーズは、男性の勇者が魔王城で女性の魔王と対峙する場面から開幕する。ＲＰＧのラスボス戦よろしく雌雄を決するのかと思いきや、魔王が勇者に言葉を投げかける。「この我のものとなれ、勇者よ」と。

経済学が専門の魔王は、魔王と勇者のいずれが勝ったとしても、人間界と魔界のどちらかが植民地化されること、戦争が終わったとしても、戦争終結による経済不況に伴い、餓死者が増大することなどを見通していた。人間界と魔界の共存に加え、戦争に依存しない戦後体制の構築という途方もないビジョンを示された勇者は、魔王と契約を結ぶことになる。本シリーズは、ＲＰＧのような世界を舞台とした経済ファンタジーなのである。

一巻では、農業改革（輪栽式農業と馬鈴薯・玉蜀黍の栽培）や三大発明（羅針盤・黒色火薬・活版印刷）などの技術改革に加え、元農奴のメイド姉妹や商人子弟・軍人子弟・貴族子弟たちの教育に着手する。なかでも、魔王にメイドとして雇われた逃亡奴隷のメイド姉の変貌ぶりには驚かされた。魔界にいる魔王の身代わりとして魔女裁判にかけられるのだが、その際の演説は圧巻のひと言に尽きる。

ちなみに、このシリーズには地の文がない。ストーリーが会話のみで進められ、登場人物が「魔王」などの属性で表記されるスタイルは、連載先の「2ちゃんねる」ではおなじみのものだ。

このような会話劇というスタイルは、特装版に付いている朗読ＣＤとの相性が抜群。先のメイド姉の演説など、耳で聴いて「まおゆう」の物語を楽しめるのが嬉しい。

本シリーズの魅力は、従来のＲＰＧから逸脱する意外な展開に加え、信念を貫く芯の通ったキャラにある。勇者に想いを寄せているツンデレ女騎士をはじめとした元魔王討伐パーティの面々はもちろんのこと、魔王と勇者の庇護下にあったサブキャラたちが成長を遂げ、それぞれの道でみせる活躍からも目が離せない。そして、なによりも、「世界」というシステムを相手に抗い続けた魔王と勇者。果たして二人はどのような場所にたどりつくこととなるのか、是非とも見届けてほしい。

（目黒 強）

BEST SELECTION

男装の姫君とお転婆娘がたどる数奇な運命

書名――『浪華疾風伝 あかね壱 天下人の血』

著者――築山桂

本の紹介

豊臣秀頼の遺児である那々姫が真田幸村の嫡子の大助を伴い、大坂の町に戻ってくる。生き別れた弟の国松丸が生きているとの知らせを受けたからだ。偶然、お龍という商人の娘を助けたことから、大坂の町をめぐる覇権争いに巻き込まれる……。

ポプラ文庫ピュアフル
2010年1月（540円＋税）

【著者紹介】
NHK土曜時代劇「浪花の華」としてテレビドラマ化された〈緒方洪庵 浪華の事件帳〉（双葉文庫）シリーズなど、数多くの時代小説を手がける。大坂を舞台とした作品が多い。

本からのMESSAGE

「我ら〈白犬〉衆には表立って武家と戦える力はありまへん。悔しゅうても武家に阿（おもね）り、主と呼ばねば生きてはいけん身。けども、今度のことはあまりに酷（ひど）い。（略）おそらくは、大勢が遠くなく主替えをすることになるかと（略）」

時代小説は中年が好きなジャンルのイメージが強いが、カバー絵からもうかがえるように、本シリーズは若者向けの時代小説だ。

秀頼の遺児で豊臣家最後の姫君である那々姫が極秘裏に大坂に戻ってくる。大坂夏の陣から八年、那々姫は「茜」と名を変え、男装までしながら徳川による残党狩りを逃れてきた。にもかかわらず、帰ってきたのは、生き別れた弟の国松丸が生きているとの情報を得たからであった。

そんな時に出会ったのが新興商人の鴻池新六のお転婆娘であるお龍だ。破落戸に襲われていたお龍を助けた茜は、お礼にと招かれた鴻池屋で新六に軟禁される。新六が店を守るために探していた謀反人に、茜が瓜二つであったからだ。知らなかったとはいえ、恩を仇で返すことになったお龍は茜を逃がそうとする。

不穏なのは鴻池屋だけではない。茜は豊臣家の忠臣である真田大助に全幅の信頼を置いていたのだが、鴻池屋の用心棒でお龍をガードしている甲斐が豊臣家を心底憎んでいることを知り、大助ひいては姫としての立場に疑心が生じている。惑いながらもパートナーに想いを寄せる初々しさに加え、自ら考え行動できる凛々しさを兼ね備えたダブル・ヒロインが魅力的で、謎が謎を呼ぶ展開は読者を飽きさせない。二人がどのような道を選んだのかについては、続編で明らかになる。

史実では、大助は大坂城で自害し、国松丸は処刑されているが、幸村が秀頼と伴に薩摩に落ち延びる伝説があるという。このような民衆のロマンをすくいあげながら、恋愛成分が高めの青春物語として仕立て上げられているので、時代小説を読み慣れていない読者も楽しく読めるだろう。

時代小説好きにとっても、徳川家お抱えの町人などがひしめく復興期の大坂が活写されている点は新鮮に違いない。次巻では、織田・豊臣・徳川に蹂躙（じゅうりん）されながらも、したたかに生きてきた大坂町人の生き様がクローズアップされる。鴻池父娘の心意気には後に江戸時代有数の豪商となる片鱗が垣間見え、得心した。築山作品にはおなじみの人々も登場し、真骨頂といえる展開が待っている。彼らが登場する「緒方洪庵　浪華の事件帳」シリーズなどにも手を伸ばしたい。

（目黒　強）

BEST SELECTION

現代にぽっかり口を開ける異界への入り口

書名――**『竜が最後に帰る場所』**

著者――**恒川光太郎**

本の紹介

パラレルワールドをわたり歩く夜の道行き。数奇な運命を経て、離島の霊的存在となる青年。五編の幻想的な物語を集めたホラー短編集。

講談社文庫　2013年10月　（640円+税）

【著者紹介】

一九七三年生まれ。『夜市』で日本ホラー小説大賞を受賞しデビュー。幻想的な作風が特徴だが、近年、RPG世界を思わせる『スタープレイヤー』や、絵本『ゆうれいのまち』など活躍の場を広げる。

本からの MESSAGE

「説明しますと蟻が集合して携帯電話に偽装していたのです（中略）つまり蟻の集合体であったのですよ。化けていた、と言ってもいい」

恒川光太郎の作品を読み終わると、自分の暮らす現実にうまく馴染めなくなるような、心もとない気分に襲われる。異界に足を踏み入れてしまったという思いから、どうしても抜け出せないのだ。

幻想文学評論家・小説家の荒俣宏は本書を「迷路感にあふれている」と評したが、収められた五編の短編を読んでいくうちに、まさに現実と異界のあわいをさまようような感覚にとらわれる。

風をとじこめた小瓶を持っていると言う女マミさんと大学生の「ぼく」との電話だけの関係を綴る一編目「風を放つ」は、異界がもう少しで開けるという予感を漂わせながらも、かろうじて現実に踏みとどまったまま、ふっと終わる。

二編目の「迷走のオルネラ」は、DV男に母を殺された息子の復讐劇という現実的な枠組みを持ちながら、ろくでなしを魔法で消してやると言う男が現れたり、『月猫』というファンタジー漫画がからんできたり、気がつくと、読者は一歩、異界の迷路に足を踏み入れている。

おそらく、恒川ファンの心をもっとも揺さぶるのは、三編目の「夜行の冬」と四編目の「鸚鵡幻想曲」だろう。さまざまなパラレルワールドをわたり歩くため、冬の凍てつく夜の町を「ガイドさん」について歩いていく「夜行」。そのうしろには、常に闇の死霊が待ち構えているが、それでも彼らは「夜行」に加わるのをやめられない。

「鸚鵡幻想曲」では、物が集まって別の物に擬装しているという「擬装集合体」が登場する。蟻が集まってできた携帯電話、桔梗の花でできたガードレール。ふしぎな力を持った男アサノによれば、それらは「解放」、つまり分解されるのを待っているという。そして、ある「擬装体」がアサノに「解放」されるとき、読者の中でもじわじわと増してきた幻想レベルが最高潮に達し、陶然とするような恐怖が襲う。

「解放」された二十羽の鸚鵡が南国へ飛び立つと、物語もまた、陽光のさす世界へと飛び立つ。最後の短編「ゴロンド」は、帰る場所を探す竜たちの美しいファンタジーだ。

かくして読者は異界の迷路に完全にとらわれてしまう。迷路から振りかえって眺める現実は、いつもほんの少し揺らいでいる。　（三辺律子）

BEST SELECTION

不思議と触れ合う物語

書名――『不思議のひと触れ』

著者――シオドア・スタージョン　訳者――大森望

本の紹介

平凡な人間の暮らしのなかに、ある日突然起こる不思議な出来事を、意表をついた発想とユニークな語り口で描いた傑作短編集。どの一編からも、ＳＦならではの驚異と面白さが存分に味わえる。

河出文庫　２００９年８月（８５０円＋税）

【著者紹介】

１９１８年、アメリカのニューヨーク市生まれ（１９８５年没）。子供のころからのＳＦファンで「英米ＳＦ界随一の短編の名手」と評されるが、『人間以上』、『夢見る宝石』といった長編の傑作ものしている。

本からの MESSAGE

僕は、この世の森羅万象の根底にある原則を見つけたんだ。どんな人間でもそれに則して考えることができる。どんな考えも遅かれ早かれそこにたどりつくし、同時にそれがすべての思考の出発点になる。

SFって、ほら、宇宙人とか空飛ぶ円盤とか、タイムマシンが出てくるやつでしょ。そういうの、ちょっと苦手なんだよねって人、ぜひこの本を読んでください。へえ、SFはこんなに面白かったんだと、認識をあらたにすることうけ合いです。

そりゃまあ宇宙人や空飛ぶ円盤は、たしかに登場する（残念ながら、タイムマシンものは入っていないけど）。だって、SFなんだから。でもここに出てくる宇宙人や円盤は、決して地球侵略にやって来たのではない（もしかして、そう思わなかった？）。じゃあ、なんのために？　それは読んでのお楽しみ。

ともかくSFのいいところは、現実の約束ごと（いわゆるリアリズムってやつ）に縛られない点だ。どんなに奇想天外な設定だろうとかまわない。たとえば表題作の「不思議のひと触れ」は、不器用な人生を送る若い男女が、悪態をつき合うのが大好きというおかしな人魚に誘われやって来た海辺で、運命的な出会いを果たす話。本の紹介だけ取り出すと突拍子もないように聞こえるけど、それがスタージョンの手にかかると、広い世界のどこかで本当（リアル）に起きていることのように思えてくる。

ほかにも、安アパートで他人の部屋を盗み見ることを趣味にしている男が、若い女の暮らす部屋で見つけた奇々怪々なもの（「もうひとりのシーリア」）、嘘つき男が自宅の裏庭から掘り出した、口の悪い石像の神様（「裏庭の神様」）、古ぼけたぬいぐるみの世話に夢中な少女と、地球に飛来した宇宙生命体との奇妙な遭遇（「タンディの物語」）など、どれもへんてこな話ばかりなのに、読み終えたあとまでなぜか心に残る。ミステリ風のしゃれたショートショート「高額保険」や、出色のジャズ小説「ぶわん・ばっ！」も楽しい。

SFの魅力はセンス・オブ・ワンダーにあるとよく言われる。なにか不可思議なものや出来事を前にしたときの驚き。それがこの本には満ち溢れている。これなら、次はタイムマシンが出てくる話も読みたいなと思ったら、おすすめはロバート・F・ヤングの「たんぽぽ娘」（『たんぽぽ娘』河出文庫、所収）。これも、ほんのりとした読後感が心地よい名作だ。

（平岡敦）

BEST SELECTION

この世ならぬ者たちとのユーモラスな交歓

書名――『家守綺譚』

著者――梨木香歩

本の紹介

「つい百年前の物語」とあるように、時代は明治の頃のお話。亡き友人の家に家守として住むことになった青年が、狸や河童、小鬼や花の精などと出会う様子をユーモラスに描いている。

新潮社　2004年1月（1400円＋税）

【著者紹介】

『西の魔女が死んだ』で日本児童文学者協会新人賞、新美南吉児童文学賞、小学館文学賞を受賞。この他にも『裏庭』『f植物園の巣穴』『冬虫夏草』『海うそ』などがある。

本からのMESSAGE

黒い小さな虫が腕の辺りを歩いていて肘の近くで止まった。そのままそこに馴染んだ、と思ったらほくろになってしまった。こすってもとれない。しかしさっきまでは確かに……

十二年ほど前、大学生協書籍部主催の「読書会」に出て、毎月いろんな本を読んでいたのだが、学生からのリクエストが多い作家のひとりが梨木香歩だった。『西の魔女が死んだ』や『裏庭』は大人気だ。そしてまた、二〇〇四年に出た『家守綺譚』、これは、それまでとまったくちがう景色の広がる作品なのだが、読み終えたあと、いや、読みながら、ついついため息がもれてしまうほどすてきな本だ。

ここでは明治の頃、一軒家に住むことになった青年と、彼を取り巻く河童や妖怪、あるいは木や草の精、はたまた人魚や聖母、それから湖にボートで漕ぎ出して行方不明になった友人などの織りなす物語が展開する。といっても、京極夏彦風の魑魅魍魎（ちみもうりょう）活劇譚ではない。この世ならぬ者たちとの平和な日常生活が淡々と、しかし滋味豊かに、またユーモラスに語られていくのだ。なにがいいといって、その文体がいい。

「雪の残った疏水の土手に、何やら落ちている。よく見ると拳を一回り小さくしたほどの小鬼である。冬の日射しに気持ちよさそうに寝ている。これは珍しいものである。どのくらい珍しいかといって、私の生涯にまだ出会ったことがないほどだ。玉蜀黍のひげに酷似した、白銀色のもつれた糸玉の如き髪の中から、まごうかたなき三角錐の象牙色の角が顔を出している」

で、この青年がどうするかというと、「このような絶滅寸前の種を前にして、俄然本能的な保護欲をかき立てられるのは、知識人の泣き所であろう。困ったことだと思いつつ」、小鬼がふきのとうをさがす手伝いをするのだ。そしてそのあと、隣のおかみさんにこのことを話すと、おかみさんは、こともなげに「今日はもう啓蟄（けいちつ）ですから」とうなずく。

不思議なはずの光景が、これっぽっちも不思議でなく、ふっと心に溶けこむ。こんなエピソードが二十八続く。まことに軽やかで贅沢な、愛しい一冊である。

（金原瑞人）

3章

不条理な世界で、どう生き抜く？
試練を乗り越える力をくれる本

BEST SELECTION

どんなことがあっても、わたしはわたしを忘れない

書名――『わたしは、わたし』

著者――ジャクリーン・ウッドソン　訳者――さくまゆみこ

本の紹介

主人公トスウィアの父親は警官。ある事件で証言をしたために、家族に命の危険が及びます。彼女たちは「証人保護プログラム」制度によって保護されることに。しかし……。

鈴木出版　2010年7月　（1400円＋税）

【著者紹介】

アメリカ、オハイオ州コロンバス生まれ。アフリカ系アメリカ人。困難な状況にある子どもを設定し、真実をあぶり出す作品が多い。

本からのMESSAGE

「強くなんかなりたくない！」アンナが言った。「あたしはただ……あたしはあたしでいたいだけよ！　前みたいにね！」

人は誰しも自分の名前を持っています。その名前で呼ばれ、愛されます。名前はただの記号といえば記号なのですが、それは「わたし」を指し示すが故に、「わたし」にとって大切な物になります。「わたし」と名前はなかなか切り離せないのです。

主人公はトスウィアという名前を持っていました。ところが、それを捨てなければならなくなります。彼女の父は警官で、ある日同僚二人が、両手を挙げている黒人少年を射殺するのを見てしまうのです。父親は裁判でそれを証言しますが、家族も含め身の安全が脅かされたので、「証人保護プログラム」が適用されます。それは、名前も身分もすべて変え、暮らしていたデンバーも離れて、もう友だちのルルとも連絡はとれず、全くの別人格として生きていくことを意味します。

「わたしは十三年以上もトスウィアだったのに、その世界には終わりが来てしまったのだ。最初は名前がとりあげられた」。

新しい名前は自分でつけられます。そうして、トスウィアはイーヴィーに、姉のキャメロンはアンナになります。

一から人生をやり直せるなんていいなと思う人もいるかもしれませんが、過去を話せず、本名でも呼ばれない毎日は、想像以上に辛いことでしょう。イーヴィーの場合は、新しい学校のクラスメイトに、トスウィアって名前の子がいるだけになおさらです。みんなは転校生に興味津々ですが、本当のことを話せないイーヴィーはどうしてもこもりがち。

父親はあれから心を閉ざしてしまい、母親はある宗教に心を預け人が変わったようになります。物語は、そんな暮らしの中でイーヴィーとアンナが、自力で少しずつ新しい自分を獲得していく姿を描いています。アンナは大学に進学し、この街を出て行くことで。そしてイーヴィーは、陸上部に入り走る喜びに自分の生きる実感を得ることで。

名前も暮らしも全部変えられてしまったけれど、「新しいイーヴィーの皮膚の下には、まだどこかにトスウィア・グリーンがいる」。だから、「わたしは、わたし」なのだと思えるようになったイーヴィー＝トスウィアの姿は美しいと私は思います。

（ひこ・田中）

BEST SELECTION

無能な大人をやっつけろ！

書名――『マチルダは小さな大天才』
著者――ロアルド・ダール　訳者――宮下嶺夫

本の紹介
教養あふれる一年生のマチルダ。家庭内で孤立し、小学校の先生であるミス・ハニーだけが味方だ。しかし、学校は凶暴なミス・トランチブル校長に支配されている。いやがらせと不条理に耐えきれなくなったとき、マチルダには不思議な力がやどる。

評論社　2005年9月　(1400円+税)

【著者紹介】

一九一六～九〇。サウス・ウェールズ生まれ。シェル石油勤務、イギリス空軍パイロットの任務を経て作家になる。大人向けの短編小説やエッセイのほか、児童文学にウィリー・ウォンカの奇妙な工場を舞台にした『チョコレート工場の秘密』(一九六四)や、キジの密猟を扱った『ダニーは世界チャンピオン』(一九七五)など多数。

本からの MESSAGE

彼女(かのじょ)は、ミス・ハニーとすごす午後のひとときを、とても愛していた。ミス・ハニーのそばにいると、この上なく心が落ちつくのだった。ふたりはたがいに、ほぼ対等の人間として話しあうのだった。

ロアルド・ダールは、とびっきり子どもの味方の作家である。融通の利かない、権威をふりかざす大人をこきおろし、コミカルに描写する。戯画的で残酷にすぎる、と批判を受けたこともあるが、ダールは大人が大人だからからかうのではない。子どもが本来求めている秩序や落ち着きを妨害する大人を、徹底的にやっつけるのである。

『マチルダ』は、そんなダールの傑作である。主人公で六歳の知的なマチルダは、幼児期から一人で読書の喜びにひたり、ディケンズからヘミングウェイまで読破してきた。入学した小学校で、彼女の知性を見抜いた教師のミス・ハニーは、マチルダを一人前にていねいに扱うのと同時に、彼女が子どもだからこそしっかりと根を育てていかなければならないという責任も理解している。知的なマチルダと母鳥のようなミス・ハニー。二人を応援せずにはいられない。

マチルダの家族と校長のミス・トランチブルは「子どもの敵」だから、ダール流に徹底的にやっつけられる。マチルダの父親はペテン師、母親は低俗、兄はカウチポテト。家族はマチルダを見下し、ミス・ハニーは、わけあってミス・トランチブルに逆らうことができない。これほどわかりやすい対立はない。そこがいい。そこがおもしろい。わからずやの大人にひどい仕打ちを受け、怒りに燃えたマチルダには、あるとき不思議な能力が宿り、痛快な仕返しが始まる。

イギリスでは二〇一〇年にミュージカルが制作され、ロングランを続けている。男性演じるミス・トランチブルの迫力や子どもたちの団結力に、作者のユーモアと主張が十二分に受け継がれる一方、独自の演出も楽しい。舞台では、最後にミス・ハニーとマチルダが軽やかにとんぼを打つ。子どもが信じ、守ってもらえると思える大人に出会える幸福、その幸福にすべての子どもが恵まれますように、というダールの願いが凝縮している。孤立し満たされず、読書に助けられていたマチルダ。ミス・ハニーと一緒に本の素晴らしさを語り合えるようになったなら不思議な能力はもういらない。原作のように抱き合うのもよし、舞台のようにとんぼを打つもよし。マチルダとミス・ハニーの幸福感はいつまでも柔らかく温かく残る。

（鈴木宏枝）

BEST SELECTION

どんなに過酷でも、前を向いて生きていく

書名――『家なき鳥』

著者――グロリア・ウィーラン　訳者――代田亜香子

本の紹介

コリーは十三歳。インドではそろそろお嫁に行く年頃。親に従い結婚したコリーだったが、その後の運命を知るよしもなかった。彼女の支えはキルトを作ることだった。

白水Uブックス　2007年4月（850円＋税）

【著者紹介】

グロリア・ウィーランは詩人。YA向けの物語も多く書いている。「Once On This Island」にてグレート・レイクス・ブック賞受賞。『家なき鳥』で全米図書賞受賞。現在、夫と共に北ミシガンの森に住んでいる。

本からのMESSAGE

「未亡人のサリーはしまっちまおうね。ここに来たからには、あんたはもう未亡人じゃなくて、未来のある若い女性なんだから」

コリーは十三歳で見知らぬ人と結婚しますが、相手の家は持参金目当てだったので、まもなく夫が死んでしまうと厄介者あつかいです。

そんな中、コリーは字に興味を覚えます。彼女は読めるようになることで、いくら義母が怒っても「本に書いてあるひみつはもうあたしのものだ。あたしからうばおうとしても、そうはいかない」と生きる自信を得るのです。

生活が苦しくなったとき、コリーはいざというときのために隠しておいた銀のイヤリングを義母に差し出します。それを前から狙っていた義母にとってもうコリーは用なしです。

コリーは無一文のままヴリンダーヴァンという、大きな寺のある町に捨てられてしまいます。行く当てもないコリーはお寺の施しを受け生き延びますが、人力車で働く少年ラージに、捨てられた未亡人たちの自立支援をしている施設を紹介されます。

花飾り作り、バングルのビーズ通し、与えられた仕事をし、独り立ちのための資金を貯金する日々ですが、コリーが本当にやりたいのは得意だったキルト刺繍です。

助けてくれたラージにお礼をしようと、コリーは字を教えます。「ラージも、文字が単語になり、単語が文になるにつれて、熱心になってきた」。識字によってラージの世界も拡がって行くのです。

ある日、施設を訪れたお金持ちのデビ夫人がコリーのキルトに目をとめ仕立屋を紹介してくれます。店主の前で腕前を見せるコリー。店主は言います。「どうして人のまねをするんだ？　これはすでにあるものだ。きみの心のなかにあるものが見たい」。コリーの心は解き放たれ、自由な発想で刺繍をして採用されます。

ラージはふるさとへ帰り、生活に見通しが付いたときコリーに愛を告白します。でも、「あなたは、土地をもってるんだもの。持参金をもってきてくれる奥さんがかんたんに見つかるでしょう」とためらうコリー。ラージは言います。自分が一緒にいたいのは話ができる人であり、字をもっと教えてくれる人だと。

ラージと結婚してもコリーは刺繍の仕事はやめません。それはコリーにとって生きる証なのですから。

（ひこ・田中）

BEST SELECTION

しっかりしないと生きていけない

書名――『星をまく人』

著者――キャサリン・パターソン　訳者――岡本浜江

本の紹介

しっかり者のエンジェルと甘えん坊でわがままばかりのバーニーは、突然父親の曾祖母の家に預けられる。刑務所に入っている父親、自分たちを置き去りにしたまま帰ってこない母親、不自由な体で貧しい生活を営む曾祖母。あるきっかけからエンジェルは星の世界に魅せられていく。

ポプラ文庫　2010年12月　（660円+税）

【著者紹介】

一九三二年、アメリカ人宣教師の娘として中国に生まれる。二人の息子と二人の里子を育てあげながら執筆活動をする。七八年『テラビシアにかける橋』、八一年『海は知っていた』でニューベリー賞、九八年に国際アンデルセン賞、二〇〇六年アストリッド・リンドグレーン記念文学賞を受賞。

本からのMESSAGE

エンジェルはなにもいえなかった。リザさんの言葉には苦しみがある。大きな苦しみ。でもそのほかになにかがある。星をあおぎ見るときだけに感じるなにかが。おそろしいような静けさ。それがこのことなんだろうか？

て、母親のヴァーナがこんな言葉をかける。

『おまえは小さい母親だね、エンジェル』エンジェルには、それがほめられたのかどうかわからなかったので、ただうなずいた」

エンジェルは母親がいつ感情的になって自分たちを捨てるかわからない、と常に警戒している。だからほめられていると安易に受け止められなかった。実の母親に育てられたことがないからいい母親になんてなれないというのはヴァーナの常套句だった。案の定、母親はエンジェルとバーニーを連れて刑務所にいる父親を見舞った後、引っ越しと見せかけて、曾祖母に二人を押しつけて姿を消す。

エンジェルは、刑務所に入った父親に早く会えるようにと星に祈る。エンジェルは、知り合った図書館員に母親がいないことを悟られまいと嘘をつく。エンジェルは、十分な育児のできない曾祖母から自分を引き離し保護するためにやってきた民生委員に、大丈夫だと主張する。

曾祖母の偏った食生活を見て五大栄養グループを摂取する必要性を強く感じるほどのしっかり者のエンジェルが、生きていくため、家族がばらばらにならないためにと、必死になる姿は痛ましい。十一歳のエンジェルには、ダメな家族を捨て、外の世界に飛び出していく発想などないし、母親の自分の不幸を語る口癖が、エンジェルを縛る呪いになっていることにも気づかない。

家族のつながりを求め続けたエンジェルは、母親からも父親からも、受け入れがたい裏切りを次々と受ける。一緒に暮らす曾祖母もかんしゃく持ちの変わり者だ。自分について、自分の家族について、この人こそ最も絶望し傷ついている。エンジェルの家族はそれぞれに短気で傷ついていてせつない。魅力的な人物像からは程遠いが、現実味に溢れている。

そんな人間ばかりのなかで、唯一の理想が登場する。エンジェルが「星をまく人」と出会い、生きる上で支えとなる最高の言葉をもらえるのだ。受け入れがたい現実のなかで、その言葉はエンジェルを力強く支え、エンジェルは家族とのつながりをまっすぐに求め続ける。

（安竹希光恵）

BEST SELECTION

名前負けしないこと。名前に託した願い

書名——『希望(ホープ)のいる町』
著者——ジョーン・バウアー　訳者——中田香

本の紹介
母親代わりの伯母アディのコックの仕事の関係で、アメリカ国内を転々としてきたホープは、十四歳からウエイトレスとして働いている。今度の二人の仕事先はウィスコンシン州マルハニー食堂。白血病を患う店主は料理人を引退し町長選に立候補すると言い出して……。

作品社　2010年3月　（1800円＋税）

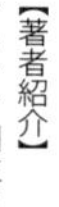

【著者紹介】
イリノイ州生まれ、ブルックリン在住のヤングアダルト作家。邦訳された『靴を売るシンデレラ』『負けないパティシエガール』（灰島かり、小学館）も本書と同様に、女の子が靴屋店員、お菓子作りという「仕事」を通して人と関わり、人生を切り開く。

本からのMESSAGE

ホープみたいな名前は、よくよく考えたうえでないと選んではいけない、とアディはいった。名前にふさわしい生き方をしようと、つねに気ばっていなきゃならなくなる、と。

物語は、主人公ホープがニューヨークのブルックリンから酪農の町ウィスコンシン州へ引っ越すところから始まる。

　ホープは新天地、マルハニー町の食堂でウェイトレスをしながら高校に通うことになる。食堂の店主は元料理人のG・Tという面倒見のよい男だ。困った人を見かけるとあれやこれやと世話を焼き、周囲からの信頼も厚い。白血病を患い厨房から引退した後、一転、町長選に立候補した。

　マルハニー町には現町長が誘致したリアル・フレッシュ乳業という大企業がある。おかげで雇用は生まれたが自営の酪農家は廃業に追い込まれ、町は分断されつつあった。ホープを待っていたのは、つまらない田舎と思いきや何やら騒動が起こりそうな予感に満ち満ちていた。

　ジョーン・バウアーの描く女の子は、悲惨な状況のなかにあっても暗く塞ぎ込むようにはならない。痛々しくならない程度の虚勢をはり、歯に衣着せぬ調子で、自分の来し方を読者に説明してくれる。

　例えば母親が子育てを放棄してホープを伯母に預けたこと。父親と会ったことがなく父親への憧れを持て余していること。一か所に落ち着いて住むことは許されずアメリカ中を転々としてきたこと。極めつけは母にチューリップと名づけられたこと。ホープは人生が甘いものだとは思っていない。だからといって人生における幸せを諦めたくない。彼女は母親につけられたチューリップという名前を否定し、自分で名前をつけることにする。育ての親であるアディと相談し、名前負けしないか自分の心に問い、ホープ（希望）という名前を自分につけた。このときの覚悟はその後のホープの生き方を決定づけたように思う。

　ホープは誇りを持ってウェイトレスの仕事に従事してきた。有能なウェイトレスである実の母親の教えを守り、よりよい仕事をしようと努めた。そのスタンスはどこの町にいても変えなかった。仕事を通して人々と出会い、父や母からは得られなかった愛情面での欠落感を埋め、心を満たしていく。本作品は、一人の少女がどのような状況でも希望を持ち続け、成長を遂げていく様がみずみずしく描かれている、読んでいて勇気をもらえる本だ。

（安竹希光恵）

BEST SELECTION

自分という存在を深く見つめ直したくなる

書名――『わたしを離さないで』

著者――カズオ・イシグロ　訳者――土屋政雄

本の紹介
キャシーは、ヘールシャムという施設で育ち、介護の仕事をしている。キャシーが世話をしている人々は、施設で一緒に育った仲間も含めて「提供者」と呼ばれている。施設の思い出を語るキャシーの描写を通して、驚くべき実態が明らかになる。

早川書房　２００６年４月（１８００円＋税）

【著者紹介】

１９５４年長崎生まれ。１９６０年に学者の父親の仕事の都合でイギリスに渡り、その後、英国国籍を取得。１９８９年に発表した長編第３作『日の名残り』でイギリス文学の最高峰ブッカー賞を受賞。本書は英米でベストセラーに、アメリカ「タイム」誌のオールタイムベスト１００に選ばれた。

本からの MESSAGE

どこかにある川で、すごく流れが速いんだ。で、その水の中に二人がいる。互いに相手にしがみついてる。必死でしがみついてるんだけど、結局、流れが強すぎて、かなわん。（中略）おれたちって、それと同じだろ？

語り手は優秀な介護人キャシー・H。彼女は提供者と呼ばれる人々の世話をしている。キャシーが育ったのはヘールシャムという全寮制の施設。介護人としての現在の生活の合間に、キャシーはヘールシャムのことを頻繁に思い出す。図画工作といった創造性の高い授業に力を入れたカリキュラム。毎週ある健康診断。生徒たちの優秀な作品を展示館に集めている、マダムと呼ばれる謎の女性。恩田陸の学園ものの雰囲気に似たミステリアスな寄宿生活を送る中、キャシーはルースやトミーと友情を深めていくのだが――。

ヘールシャムがいかなる目的で運営されている施設なのか、そこで育てられている子どもたちは何者なのか、提供者とは誰に何を提供する者なのかといった、幾つかの謎は早々に読者に明かされてしまう。でも、謎がわかったからといって少しも読書の興がそがれたりはしないはず。これは他人から人生を与えられ、やがて為す術もなく奪われる人間のレーゾン・デートル(存在理由)、その意味を描いて峻烈な物語なのだ。流れの速い川の中で互いに「わたしを離さないで」としがみつくような愛を育んでも、否応なく引き裂かれるしかない運命を描いて切ない恋愛小説なのだ。そして、子ども時代をノスタルジックに描いて、その夢心地の筆致ゆえに残酷なビルドゥングスロマン(成長小説)なのである。

この小説を手に取ったら、まずは表紙をじっくり眺めてみて下さい。じっくり見なければ、それがカセットテープとは気づかない、淡い色彩の装画に目をとめてみて下さい。そして、キャシーが自分にとっての〝特別な場所〟である海岸線に打ち上げられたごみを見て、半ば目を閉じながらあることを想像するラストシーンを読み終えたなら、また見直してみて下さい。すると、あなたは表紙を見つめる自分の心に、深い悲しみが宿っていることに気づくにちがいありません。それが、もはやただのカセットテープには見えなくなっていることに気づくにちがいないのです。

(豊﨑由美)

BEST SELECTION

絶望せずに生き延びるには……

書名――『穴』

著者――ルイス・サッカー　訳者――幸田敦子

本の紹介

無実の罪で捕らえられたスタンリーは、残酷な女所長に砂漠の真ん中で穴を掘り続けることを命じられる。しかし、不運な境遇にもめげず、ある行動をおこすことを決意する……。

講談社　１９９９年10月（１６００円＋税）

【著者紹介】

１９５４年生まれ。アメリカで絶大な支持を受けている作家。本書で１９９８年度の全米図書賞、１９９９年度ニューベリー賞ほか多数の賞を受賞。おもな作品に『トイレまちがえちゃった！』『道』等がある。

本からのMESSAGE

「言っとくけど」スタンリーは忠告した。「ぼくは運がいいほうじゃないからね」

ゼロは気にするふうもない。「穴に落ちっぱなしだったんなら、こんどは上がるばっかりだ」

日本人は「理不尽」に弱いな、と感じることがある。自分の常識では考えられない凶事に面したり、理屈に合わない厄難に見舞われたりすると、躍起になってその理不尽を訴え、正義を唱え、それでもダメだと結構すぐに絶望する。何をしようがダメなものはダメだから理不尽なのだが、そうした「ダメったらダメ」なものに対する抵抗力が弱い。そのせいか日本のＹＡ小説にも、理不尽について主人公が思考する小説は多々あるが、考えてもダメな理不尽に対してどう処するかを描いたものは少ない気がする。降って沸いたような災難に立ちむかわずとも屈せず、過大な希望を抱かず絶望もせず、しなやかに、したたかに凌ぎきる。いわゆるサバイバル術的な小説。ルイス・サッカーの『穴』は、私があればいいなと思っていたまさにそのものだった。

干上がった辺地の矯正施設に送りこまれた少年スタンリーの、本書はまさしく実践的サバイバル小説だ。無実の罪で捕らえられたスタンリーだが、施設に送られた以上は当地の規則に従い、来る日も来る日も穴を掘り続けなければならない。彼らの管理者は大悪人で、ともに穴を掘る仲間たちもくせ者揃い。水も食事も極端に制限されている。この上なく理不尽な目に遭いながらも、スタンリーは神経をとぎすまし、そこでいかに生き延びるかを模索する。容易に絶望しない。

それもそのはず、彼には理不尽に対する耐性があるのだ。なんといっても彼の家系は五代にわたってツキから見放され続けている。筋金入りというわけだ。が、しかし、ところが――スタンリー自身も含んだその「不運史」は、最後の最後に待ちうける大どんでん返しの伏線ともなっているのである。マイナスとマイナスをかけるとなぜかプラスになるように、理不尽に理不尽を重ねた末に最後は見事なハッピーエンド。用意周到な伏線のもたらすミラクルな結末をぜひともご堪能ください。

（森絵都）

BEST SELECTION

不条理な世の中で生き抜くために

書名――『悪童日記』

著者――アゴタ・クリストフ　訳者――堀茂樹

本の紹介
戦火を逃れて小さな町に住む祖母のもとへ疎開した双子。その日から過酷な日々が始まった。双子は人間の非情さを克明に日記に記していく。

ハヤカワepi文庫
2001年5月（660円+税）

【著者紹介】
1935年ハンガリーに生まれ、1956年のハンガリー動乱のときに西側に亡命。フランス語で著した本作と、『ふたりの証拠』『第三の嘘』の3部作で名声を博し、世界中に多くのファンを獲得した。

アゴタ・クリストフ 堀茂樹訳
悪童日記
Agota Kristof
Le Grand Cahier
早川書房

本からの
MESSAGE

感情を定義する言葉は非常に漠然としている。その種の言葉の使用は避け、物象や人間や自分自身の描写、つまり事実の忠実な描写だけにとどめたほうがよい。

風変わりな小説だ。無駄をそぎ落とした言葉により、淡々と事実だけが描かれていく。異様なまでに張り詰めた緊張感は、驚くべきことに、最後まで途切れることがない。

双子の「ぼくら」の視点から描かれた日記、という設定のこの物語は、終始徹底して感情を排した言葉で描かれている。つまり、「ぼくらはクルミの実をたくさん食べる」とは書くけれど、「ぼくらはクルミの実が好きだ」とは書かない。「好き」という言葉は、精確さと客観性に欠けているからだ。双子はただ真実だけを忠実に描写することを望むのだ。

疎開先で生きのびるために、双子は自分たちを心身ともに鍛えるための「練習」を始める。折檻されると、自らをわざと傷つけ合い、痛みを感じなくする。罵り言葉に涙を流せば、あえて罵られるようなことをやり、どんな言葉にも動じなくなるまでになる。断食の練習、残酷なことの練習…。感情を排し、言葉を意味のない記号に変えることにより、双子は世の中と向き合っていく。

決して自己憐憫に陥らず、他人のことも憐れまない双子の視点は、読者の共感をも拒んでいる。しかし、だからこそ双子が直面している現実がよりストレートに読者に迫ってくるのだ。理不尽なことがあると、双子はそれが復讐の手段ででもあるかのように、現実だけをひたと見つめる。そうすることで、自分たちを抑圧する世の中のシステムや、意地汚い大人たちに確実に勝利していくのだ。その過程は痛快でもあるが、残酷でもある。

著者は、1956年のハンガリー動乱の際に、命がけでスイスに亡命した。その過程は自伝『文盲』（白水社）に詳しいが、祖国を失い母語を失い、それでも物語を書かずにはいられなかったと告白している。言葉の持つ力と、物語を紡ぐことの意味を痛いほど知っている著者の言葉には、まさに身体を削って言葉を生み出しているような迫力がある。読み終えた時、さまざまな感情が胸の中でざわめく。一筋縄ではいかない物語だ。

（光森優子）

BEST SELECTION

謎だらけの世界に生きる恐さと悦び

書名——『ヘヴンアイズ』

著者——デイヴィッド・アーモンド　訳者——金原瑞人

本の紹介

三人の子どもたちが、自由を求めて孤児院を抜け出し、筏で川を下って旅に出る。しかしたどりついたのは真っ黒な沼。そこで、出会ったのは、水かきのある少女と奇妙な老人だった。

河出書房新社　2003年6月（1500円＋税）

【著者紹介】

イギリスの炭鉱町に生まれる。1988年、初めて書いた小説『肩胛骨は翼のなごり』が大反響を呼び、カーネギー賞、ウィットブレッド賞を受賞。他に『闇の底のシルキー』『火を喰う者たち』等がある。

本からのMESSAGE

ヘヴンアイズがヘヴンアイズと呼ばれるのは、世の中のどんな悲しみや苦しみのなかにも天国をみいだすことができる目を持っているからだ。

少女エリンは、シングルマザーだった母親を亡くし、ホワイト・ゲートという施設に住んでいる。友達は、一月に病院に置き去りにされたことからついたジャニュアリーという名の少年と、ネズミのペットをいつも連れているの男の子、マウス。

施設の責任者、モーリーンから「傷のある子ども」と呼ばれ続けることに耐えかねた三人は、ドアをつなげた手製の筏で自由を求めてホワイト・ゲートを飛び出し、冒険の旅に出る。しかし、筏は「ブラック・ミドゥン」という黒い沼に飲み込まれてしまう。そこで「ヘヴンアイズ」という、手に水かきのある小さな女の子と、その管理人と名乗る「グランパ」に出会う。二人が暮らしているのは、倉庫や工場の廃屋のような場所だった。

気が強く聡明なエリン。向こう見ずなジャニュアリー。気が弱くやさしいマウス。個性が際立った彼らは、それぞれ違った接し方で、言葉が少しおかしくて無垢な少女ヘヴンアイズと、偏屈で危険な香りのするグランパに向き合う。

やがて、ブラック・ミドゥンとヘヴンアイズの謎が少しずつ明らかになっていく。それは、とてもミステリアスで、悲しみと愛にあふれたものだった。

勇敢な子どもたちの冒険は、展開が意外で、ぐいぐい読みすすめることができる。どきどきしながら子どもたちの心の変化を味わううちに、読んでいる自分も、忘れかけていた大切なものを取り戻していく気持ちになれる。子どもが体験するには、少しグロテスクに思える部分もあるのだが、物語全体を包むとうめいな光のようなやさしさが、世界を美しいものへと変換させてくれる。

エリンは「最悪かもしれないけど、それもいいな」と言う。「生きてることが。あたしがあたしでいることが。この世界で、いま、この場所で」と。心に光を与えてくれる言葉だと思う。

寄り添い合う子どもたちの姿を通して、生まれてくるということ、そして生き抜くということの意味を、心の深い場所からしみじみと感じ取らせてくれる物語である。

（東直子）

BEST SELECTION

先の見えない収容所暮らしでも

書名——『草花とよばれた少女』

著者——シンシア・カドハタ　訳者——代田亜香子

本の紹介
アメリカの花農家で育った日系少女スミコは、差別の存在は感じつつも、温かい家族に囲まれ、畑に誇りを持って暮らしていた。だが、第二次世界大戦が起こり、強制収容所に送られることになる。

白水社　2006年5月（1800円＋税）

【著者紹介】
1956年シカゴ生まれの日系三世。大人向けの小説で高い評価を得たあと、ヤングアダルト作品を書きはじめる。『七つの月』で注目を浴び、『きらきら』でニューベリー賞を受賞した。ほか、『象使いティンの戦争』『サマーと幸運の小麦畑』などがある。

本からのMESSAGE

こんなふうに出ていくことになると、これまで大好きだった色やにおいが、あらためていとおしく感じられる。そして、きらいだったものも、好きになってくる。

物語は第二次世界大戦を背景に、アメリカで花農家を営む日系人一家がたどる運命を、十二歳のスミコの視点から描いている。

スミコと弟のタクタクは、両親を交通事故で失い、ジイチャンの家に引き取られた。１９３０年代のアメリカには歴然とした差別が残り、学校でたった一人の日本人であるスミコも漠然とした疎外感を抱えている。初めて呼ばれた誕生会でも、ケーキだけ渡されて追い返されてしまった。スミコは泣きながら、おじさんが無理して買ってくれたプレゼントのスカーフを隠す。そして戦争になり、スミコは大好きなジイチャンやおじさんと引き離されて、アリゾナ州の収容所で暮らすことになる。

しかしこんなストーリーから想像する息苦しさや暗さは、この作品にはまったくない。確かにスミコたちは貧しいが、おじさんはいずれガラス張りの温室を建てることを夢みて、スミコも難しいカーネーションの等級づけの仕事に誇りを感じている。そんなスミコに、おじさんは、花農家では「クサバナ」と呼ばれる温室育ちでないストックの新品種をプレゼントしてくれるのだ。「スミコ」と名をつけて。

砂漠の真ん中の収容所でも日系人たちは、土を耕し、花を植える。しまいにはガーデニング・コンテストまで開いてしまうのだ。先の見えない収容所暮らしで子どもたちもだんだんと荒れるが、一方で盗んだニワトリに謝り、「きよしこの夜」を大合唱する場面は心温まる。中年男モトさんとの交流や、インディアンの少年フランクとのほのかな恋なども、切なく優しく語られる。

誕生会にしろ、ニワトリのことにしろ、どれも小さなエピソードにすぎず、大きな事件に発展したり、特別象徴的な意味を持っているわけではない。けれど、そんな出来事の羅列から懸命に生きる人々の美しさや強さが立ち昇ってくる。このふしぎなほど切なく温かい読後感が、本書をすぐれたヤングアダルト作品にしている。


（三辺律子）

BEST SELECTION

生きる手がかりをつかんで立ち上がる

書名――『ビリー・ジョーの大地』

著者――カレン・ヘス　訳者――伊藤比呂美

本の紹介

１９３０年代、大恐慌のアメリカの農村で生きる十四歳の少女が主人公。突如として家族を襲った悲劇が引き金となり、少女ビリー・ジョーのつらく厳しい日々が始まる。生きる手がかりをつかみ前に進んでいくビリー・ジョーの姿は感動的だ。

理論社　２００１年３月（１５００円＋税）

【著者紹介】
アメリカ、メリーランド州で育つ。大学卒業後、さまざまな職を経て詩作を始める。本書でニューベリー賞、スコット・オデール賞などを受賞。ほかに『イルカの歌』『11の声』『ふれ、ふれ、あめ!』『クラシンスキ広場のねこ』等がある。

本からの MESSAGE

茶色の大地が空から降ってくるのだった。
土埃があたしの胸をしめつけるので息もできなかったけど
立ちどまろうとも思わなかった。土砂が降りしきって
目をひっかき

1934年、大恐慌にうちのめされたアメリカのオクラホマ州。貧しい農家はますます貧しくなった。

息もできないくらいすさまじい砂嵐がたびたび起こるし、なによりほとんど雨が降らないから、農作物がろくに育たない。とくにここ数年はひどい。

主人公の女の子がビリーという男の子の名前をもらったのは、お父さんが息子がほしくてたまらなかったからだ。この赤毛のビリー・ジョーは、こんなひどいところは早く逃げだしたいと思っている。ただ、お母さんが教えてくれるピアノは好きだった。

そんなとき、お母さんが炎に包まれて焼け死ぬ。おなかの赤ちゃんも死んでしまった。

その事故のことで、ビリー・ジョーはまわりからそれとなく非難され、自分を責め、父親を責めるようになっていく。

ここからビリー・ジョーの物語がほんとうに始まる。

ビリー・ジョーはそんななかでどうやって生きていくのか、どうやって、自分の道を切り開いていくのか。いや、それよりも、まず自分を、そして父親をゆるすことができるのか。ビリー・ジョーがぎりぎりと自分を追いつめていくところは、読んでいて恐ろしいくらいだ。

つらく、厳しい物語だが、一度読んだら、決して忘れられないだろう。それほど、最後が素晴らしい。といっても、手放しのハッピーエンドではない。ビリー・ジョーはまだまだ、いろんな問題を抱えたままなのだから。しかしそれでもしっかり生きていく手がかりをつかんで立ち上がるビリー・ジョーの姿はとてもすがすがしい。

原文は詩の形で書かれていて、それを詩人の伊藤比呂美が見事に詩の形で訳している。原文も力強いが、翻訳もおどろくほどエネルギーに満ちている。詩と小説の両方の魅力を感じさせる強烈な作品だ。

（金原瑞人）

BEST SELECTION

〈ワシ〉がつなぐ男たちの絆

書名――『第九軍団のワシ』
著者――ローズマリ・サトクリフ　訳者――猪熊葉子

本の紹介
紀元一世紀ごろのローマ支配下のブリテン島。木製の「ワシ」をいだく五千人規模の第九ヒスパナ軍団は、北部に進軍中に忽然と姿を消す。十二年後、司令官の息子マーカスは、父の汚名をそそぐために北に向かい、敵に持ち去られた「ワシ」の行方を追う。

岩波少年文庫　2007年4月（840円＋税）

【著者紹介】

一九二〇〜九二。サリー州出身。幼児期の病気がもとで、生涯を車いすで過ごす。細密画家を経て、作家になった。児童文学における歴史小説のジャンルを洗練させ、『第九軍団のワシ』（一九五四）、『銀の枝』（一九五七）、『ともしびをかかげて』（一九五九）、『辺境のオオカミ』（一九八〇）のローマン・ブリテン四部作のほか、バークシャーの地上絵を題材にした『ケルトの白馬』（一九七七）、「ベーオウルフ」やアーサー王伝説の再話など、過去に意識を向けた作品が多数ある。

本からの MESSAGE

マーカスとエスカは同時（どうじ）に頭をあげた。ふたりの目が合った。「いい狩（かり）でしたか？」エスカの目はそうたずねているように思われた。「いい狩だった。」マーカスはいった。

二千年前のローマン・ブリテン時代を味わうのに、性急な読書は似つかわしくない。登場人物の息遣いを聞き、ローマ軍の砦を思い描くといい。湿地の匂いも泥炭の煙たさも、あぶった鹿肉の旨みも感じたい。静かにていねいに作品に招待されることで、しみじみ「おもしろかった」とため息がつけるような歴史小説である。

主人公のマーカスは、誇り高いローマ帝国第九軍団の司令官を父に持つ若者である。幼い頃、五千人以上を率いた父の第九軍団は、北方のカレドニアの反乱を平定するために木製の「ワシ」を掲げて進軍し、そのさなかに忽然と姿を消した。逃亡であっても敗北であっても不名誉な事件であり、輝かしい「ワシ」が蛮族の手に落ちたことも、帝国にとっての気がかりである。

マーカスは成長して百人隊長となるが、戦いで負傷し、伯父の屋敷に身を寄せる。あるとき、伯父と出かけた闘技場で、ブリトン人の奴隷戦士エスカの戦いを見物し、彼がとどめを刺される寸前に、その瞳に誇り高さを見てとる。マーカスは、慈悲を与えてエスカを引き取り、二人の間には、ローマ人ーブリトン人、主人ー奴隷の境界を越えた温かい関係が生まれる。やがて、マーカスは運命に導かれて「ワシ」を取り戻しにカレドニアに旅立ち、このときエスカは自由を与えられた仲間として彼についていく。

歴史を凝視する『第九軍団のワシ』の問題意識は、つねに現在にある。足が不自由だったサトクリフは、他者であることについて思考し、「はざま」にいる人々を見つめつづけていた。ブリテンに根を下ろすエトルリア人マーカス。ブリガンテスの部族民エスカ。かつての第九軍団の兵士で今はカレドニアで狩人となったグアーン。いずれも境界をこえ、生きるべき土地で、自分の中に小さな痛みをいだきつづけながら、混淆していくことを選ぶ。

第九軍団の再建は不可能でも、「ワシ」は帝国側にもどる。その旅路を経て、マーカスの父親の汚名はそそがれ、父子の絆が回復する。二人の若者は自分たちの道を見出し、豊かな土地に落ち着くことが予見される。マーカスの隣に、きりりとしたコティアがいることも、うれしい。

（鈴木宏枝）

BEST SELECTION

名前ではなく、生き方を知るために。

書名――『TN君の伝記』
著者――なだいなだ

本の紹介
TN君が生まれてから亡くなるまでを描いた伝記文学。時代背景、政治状況が非常に丁寧に書かれていて、当時の日本の様子と、一人の人間の生き様がありありと伝わってくる、珠玉の一冊。

福音館文庫　2002年9月（800円+税）

【著者紹介】
精神科医・作家・評論家。著作多数。二〇一三年没。

本からのMESSAGE

君は名前なんか知ろうとせず、ある一人の日本人が、ある時代をどんなふうに生きたか、ただ、それだけを知ろうとしてほしい。そして、できれば、TN君という人間の目を通して、（略）彼の生きていた時代を見ようとしてもらいたい。

TN君って誰だろう？　名前を明記しない理由を作者はこう語ります。彼の名前ではなく、彼がどう生きたか知ってほしいから、と。ではその気持ちに応えて、名前にとらわれず、まっさらな気持ちでこの本を読んでみようではありませんか。作者は、TN君の生き方のみならず、その時代や空気感を、ありありと伝えてくれます。

TN君が生きた時代は、一八四七年から一九〇一年。侍の子は侍でなければならない時代に、高知県で足軽という身分の侍の子どもとして生まれました。物心ついた頃は、ちょうどペリーがやってきて、世の中が変わり始めていました。十二歳になったとき、安政の大獄という大きな事件がおきます。それをきっかけに、政治の仕組みを変えなければならない、幕府を倒さねばならないと、あちこちで運動が起き始めます。そんななか、TN君は運動に加担することなく、じっくりと考え、周囲のありさまを見つめていました。

血気さかんな青年たちは、侍の古いこころをもったまま運動にとびこんでいきます。それが、TN君には気に入りません。古いこころから、新しいものは生まれないからです。

生まれた土地から離れることが難しい時代にあって、TN君はフランスに留学することになります。当時、フランスでも「政治を変えなければいけない」と若者たちが奮起していました。TN君は、時間があれば酒場に行き、労働者たちが政治について語るのに耳を傾けたのです。このとき知ったのがフランスの思想家、ルソーの思想です。

日本に戻ったTN君が、ルソーの思想を日本の若者に紹介すると、あっという間に浸透していきました。TN君は、自由民権運動において、武力ではなく、思想的に運動する道を選んだのです。

作者は、TN君の視点から、どのように時代が移り変わっていったかを、わかりやすく、かつ読み応えたっぷりに書きます。読み進めていくうちに、TN君が誰かなどは些細なことに思えるほど、TN君の生き様に引き込まれます。こんな伝記があるなんて。カチコチに固まった頭を柔らかくしてくれる、他にはない、貴重な一冊です。

（森口泉）

BEST SELECTION

祖国独立への思いが込められた音楽

書名――『ショパン　花束の中に隠された大砲』
著者――崔善愛（チェソンエ）

本の紹介
ポーランドを旅立つ若きショパンは、もう二度と帰国できないのではないかという不安を抱えていた。祖国の独立運動に関わった情熱と亡命者の悲しみを、在日ピアニストがショパンの音楽への愛着と共にこまやかに描く。

岩波ジュニア新書
2010年9月（820円＋税）

【著者紹介】

1959年兵庫県生まれ、福岡県で育つ。ピアニスト。愛知県立芸術大学音楽学部ピアノ専攻卒業後、同大学大学院修了。米インディアナ大学大学院に3年間留学する。著書に『「自分の国」を問いつづけて』『父とショパン』。

本からの MESSAGE

詩人が言葉で思想を表すように、音楽家は音によって想いを表せるはずだ――、ショパンはそう考えたのです。こうしてショパンは、奪われたポーランドを、音楽によって取り戻したいという気持ちを強くしてゆきました。

音楽の授業で私たちは、ショパンについて「ピアノの詩人」「ロマン派の作曲家・ピアニスト」と教わります。確かに彼の曲は優美でやわらかな印象が強いかもしれません。けれども、ショパンが生きたのはヨーロッパの激動期で、彼の祖国ポーランドは他国から侵略されていました。彼は多くの人々と同じように独立を願い、その苦しみを音楽で表現しようとした人でした。

この本は、ショパンの生涯を、音楽家としての歩みとポーランドの独立運動への思いの両面から追ったものです。最も劇的なのは、二十歳のショパンが音楽を勉強するためにオーストリアへ旅立つ場面でしょう。彼は独立解放運動の地下組織にも出入りしていました。「革命前夜」と言うべき状況のポーランドを離れるのは、祖国を見捨てることになるのでは、と悩みます。

「出国したら、もう二度と祖国に戻れないかもしれない」という予感も胸をよぎります。迷い続け、旅立ちの日を何度か延期し、ついに出発しましたが、オーストリアへ着いてまもなく、ポーランド史上とても重要な武装蜂起が起こりました。故郷へ戻れなくなったショパンは、苦悩の日々を送ることになります。

著者は、在日韓国人のピアニストです。日本に生まれ育ち、日本語を母語としているのに、「外国人」とされる存在です。外出の際には必ず「在留カード」を持ち歩かなければなりません。以前は、在留カードの前身である外国人登録証の切り替えの際、「指紋押捺」の手続きが必要でした。

何も悪いことをしていないのに書類に指紋を押さなければならないなんて、おかしいのでは――著者は二十一歳のとき、その理不尽な制度を拒否しました。アメリカ留学を控えていた彼女は、まさにワルシャワを発つときのショパンと同じように、「押捺を拒否して留学すれば、もう日本に戻れる保証はない」という大きな不安の中にありました。そのとき彼女は初めて、自分の国を追われ、深い憤りと苦しみに苛まれていた一人の人間としてショパンと出会ったのです。いつの時代も、人間は歴史の中で翻弄されてきました。ショパンの苦悩を知ろうとするのは、平和に一歩近づくことだと著者は記しています。

（松村由利子）

BEST SELECTION

イラクに暮らすクルド人の少年と、その一家の物語

書名――『父さんの銃』
著者――ヒネル・サレーム　訳者――田久保麻理

本の紹介
イラクのクルド人居住区に暮らす少年アザド。複雑な政治情勢のなかで、迫害や弾圧に脅かされながらも、決して希望を捨てることなく、いつかクルド語のテレビ番組を作りたいという夢を抱き続けている。

白水社　2007年6月　（1600円+税）

【著者紹介】

1964年、イラク北部のクルディスタン生まれのクルド人。十七歳で単身イタリアに亡命し、テレビのドキュメンタリー番組を手がける。現在はフランスで映画監督として活躍し、各地の映画祭で高い評価を得ている。

本からの MESSAGE

その日、ぼくの一族は七人の男を喪(うしな)った。一家は故郷をあとにした。
でも、ぼくはそのころ、まだ子供だった。

海外小説を読む楽しみのひとつは、未知の国や地域に暮らす人々の声を聞き、想像もつかない出来事に触れることにあるのではないか？　この作品は、まさにそんな経験をもたらしてくれる一冊だろう。

主人公で語り手の少年アザド・シェロ・セリムはクルド人。クルド人とは現在のトルコ、イラン、イラク、シリアなどにまたがる地域に古くから住み、「独自の国を持たない世界最大の民」と言われている民族だ。アザドの一家は、イラクの山岳地帯にあるクルド人居住区で暮らしている。ときあたかもサダム・フセイン（のちに大統領となり、イラク戦争でアメリカ軍に捕らえられて処刑された人物）が、イラクで最高権力者の座にのぼりつめようとしていた時期。クルド人に対する弾圧が強まるなかで、アザドたちは故郷を離れ、避難生活を強いられることもあった。兄は民族解放運動に身を投じ、アザドもいつか銃を持って立ちあがる日があるかもしれないと、覚悟を決めていた。

そうした苛酷な状況にありながらも、ここに描かれる主人公の日常は驚くほど明るく、ときにユーモラスですらある。従兄と飛ばすハトのアクロバット飛行、ざくろやいちじくがたわわに実る果樹園、ミミズだらけの川での水遊び、初めて飲むコーラ、美しい少女の絵を前にした胸のときめき……次々と語られるエピソードの数々に、読者もはらはらしたり、わくわくしたりするに違いない。子供から少年へ、やがて大人へと成長したアザドが、自らの人生を切りひらいていこうと旅立つところで物語は終わる。

この本を読むと、今まで「クルド人」という名前しか知らなかった人たちのことが、少しだけ身近に感じられるはずだ。クルド人に関するニュースが流れてくれば、思わず耳を傾けるようになるかもしれない。もちろん、彼らが置かれている現状とわれわれ日本人の暮らしとのあいだには、はかりしれないほど大きな断絶が横たわっている。けれども、訳者の田久保麻里さんが「あとがき」のなかで書かれているように、「クルド人であるアザドと日本人である私とは、こんなに違って、こんなに同じ」と思ったとき、ぼくらは遠い世界の他者たちに一歩近づくことができる。

（平岡敦）

BEST SELECTION

市井の人々から見た文化大革命

書名――『さすらう者たち』
著者――イーユン・リー　訳者――篠森ゆりこ

本の紹介
舞台は文革終結二年後の中国の地方都市。ある政治犯のショッキングな処刑を中心に、運命に翻弄される中国の市井の人々を描く。

本からの MESSAGE

その男のことを聞いていたら、顧師(グー)は珊(シャン)に警告していただろう。裏切り者は、人生でもっとも身近な愛する人々の中にいることが多い、と。

河出文庫　2016年9月（1200円+税）

【著者紹介】

1972年北京生まれ。現在はグリーンカードを取得し、アメリカで暮らす。『千年の祈り』『黄金の少年、エメラルドの少女』など。2016年の東京国際文芸フェスティバルで来日もしている。

イーユン・リーは、一九七二年に北京で生まれた。つまり、文化大革命の終結時は五歳、天安門事件のときは一七歳で、実際に経験している。思想教育のために、軍に入隊させられたこともあるそうだ。その後、アメリカに移住し、彼女にとっては第二言語である英語で作品を書きはじめた。

日本でも、楊逸のように母語以外で書く作家の活躍が注目されているが、内と外両方の視点を持つリーは、文革後の中国の地方都市の姿を、冷静に淡々と描いていく。

物語は、元紅衛兵の女性が、文革批判の手紙をボーイフレンドに密告され、十年間収監された後、銃殺されたという実際にあった事件を基にしている。しかし作品は、そこから予想される激しい感情や歴史的／政治的な主張とは無縁だ。

珊(シャン)は無実の罪で処刑されるが、自分も人々に暴力をふるっていた。そのせいで障害を負った少女妮妮(ニーニー)に、珊の両親顧(グー)夫妻は優しくするが、それは負い目からだ。何も知らない妮妮は健気でいじらしい少女だが、一方で恩のある顧から盗みを働く。

また、純粋で高い志を持つ少年童(トン)や、愚かなだけで人のいい八十(バーシー)も、そのつもりはないのに多くの人の人生を狂わせてしまう。ここには、まったくの悪人も英雄もいない。

こんなふうに本人たちの与り知らぬところで人々の運命が繋がっていくさまが、くりかえし描かれる。珊と顧夫妻と妮妮のような、物語の核となる繋がりから、顧夫妻が妮妮にやった紙の蛙がゴミ拾いの華(ホア)じいさんのところへ行きついたり、珊の靴が妮妮の妹から童の飼い犬、八十へと次々渡っていったりといったささやかに思える繋がりまで。

しかしそこに、一目でわかる因果関係はない。そうした繋がりに、意味を見出したり、見出さなかったりするのは、読者なのだ。それが人の運命だろうと、歴史だろうと。

新聞やニュースを見たり、歴史を学んだりするだけではわからない中国の一面を、肌で感じることができる。そうした直接言葉では表せないものを、小説はすくい取ってくれるのだ。

（三辺律子）

BEST SELECTION

満州の少女と日本人士官の運命的な恋

書名——『碁を打つ女』
著者——シャン・サ
訳者——平岡敦

本の紹介
一九三七年の満州。日本軍の侵攻下にあっても、千風広場は毎日、碁を打つ人々でにぎわっていた。抗日分子を探すため、地元民を装っている日本の青年士官は、そこで碁を打つ一人の少女と出会う。

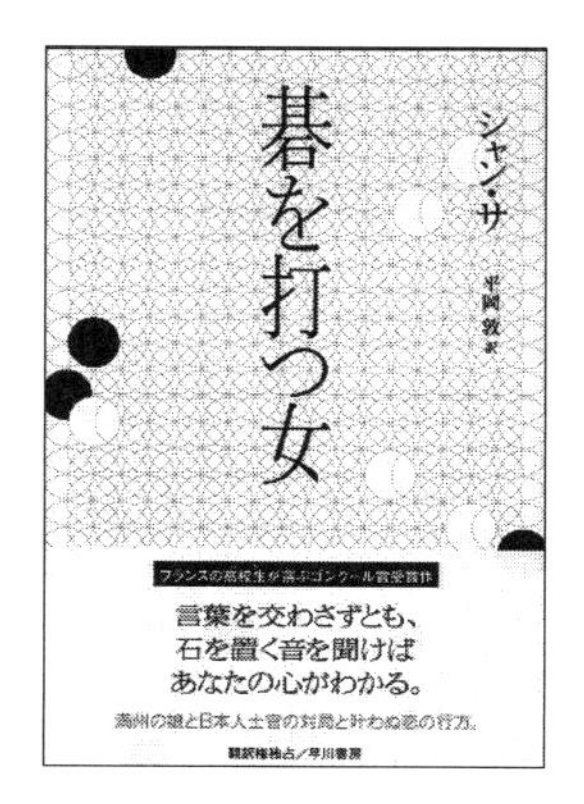

早川書房　2004年8月（1900円＋税）

【著者紹介】

1972年北京生まれ。幼い頃から詩才を発揮し、天安門事件後に渡仏。フランス語で書いた小説で若い読者の支持を得て多くの文学賞を受賞。邦訳に『女帝わが名は則天武后』がある。

本からの MESSAGE

一手打つごとに、また一歩魂が深みへと下る。わたしが碁を愛してきたのは、迷路を進むような展開があるからだ。

少女は、裕福だが息のつまるような家や、つまらない学校生活から逃れるために碁を打ちに来ている。若き日本人士官は、抗日分子が紛れ込んでいそうな広場を偵察するため、地元の人間に扮してもぐりこんでいる。そして運命は二人を出会わせた。戦いとは一見無縁な青空の下、のどかな広場で。そこで二人は毎日碁盤を挟んで向き合う。

物語は、まるで碁の対局のように、少女「わたし」と青年士官の「私」が交互に語っていく。各章が、一篇の詩を読んでいるかのように美しく味わい深い。無駄な言葉をそぎ落とした著者の端正な文体は、一見バラバラに見えるイメージのかけらをそっとつなぎ合わせていく。日本人の感性のひだに吸いつくような、鮮烈な色や心理描写が印象的だ。時代も場所もこんなにはっきりしているのに、どこか無国籍な空気が全編に漂っている。

美しい少女は、そのか弱い外見に似合わず攻撃的な碁を打つが、そこには自分が女性であることで人生が決められてしまうことへの憤りが込められている。抗日運動に関わっている青年二人と危うい三角関係に陥ったり、自らの体を傷つける情熱を内に秘めている。一方、祖国のために命を捧げる覚悟をした青年は、国に残してきた母のため、死への恐れを必死で封じ込めようとしている。女遊びに溺れるのも、少しでも死を遠ざけようとするかのようだ。しかし現実には死のどす黒い恐怖が彼を捕らえて離さない。

憎しみも、恋心も、情念も、郷愁も、感情のすべてが抑制された文章の中にあり、その感情のうねるような激しさに、胸を衝かれる。

言葉を交わすことなく、相手の素性も知らぬまま、ただ碁石の動きを追うことで、お互いの頭に、心に入り込んでいく。それはとても官能的で濃密な対話だ。こんなかたちの恋があることに驚く。最後のページを読み終わった後、しばし呆然とする。絶望的なのにこのラストしかありえないと、納得させられてしまう。魂を揺さぶる物語とは、こういう小説のことを言うのだろう。

（光森優子）

BEST SELECTION

文化大革命の時代、文学に憧れる少年を描く

書名——『バルザックと小さな中国のお針子』

著者——ダイ・シージエ　訳者——新島進

本の紹介
山奥の農村に送られ、厳しい労働に耐える「僕」と羅。でも、いじけてなんかいられない。かわいいあの娘の心をつかむため、とっておきの物語を読んで聞かせよう。

ハヤカワepi文庫
2007年3月（660円＋税）

【著者紹介】

1954年中国福建省生まれ。1984年パリに留学して美術史と映画を学ぶ。映画監督として活躍するかたわら、本書で作家としてもデビューし、自らの手で映画化もした。

本からのMESSAGE

それはまさに理想の本だった。読みおえたときには、どんなステキな人生も、どんなステキな世界も前とは同じではなくなる、そんな本だ。

むかしむかし、と言ってもほんの四、五十年前のこと、お隣の中国で起きた一大政治ムーブメントだ。ブルジョワ的な古い文化を否定し、新しい文化を打ち立てるという名目で知識人や芸術家は弾圧され、強制労働させられた。

今から考えるとずいぶん乱暴な話だが、古いものをぶっ壊すというスローガンは、いつの時代にも大衆に受け入れられやすいものなのだろう。

そんな文化大革命のさなか、主人公の「僕」と親友の羅は中学校を終えるのもそこそこに、再教育プログラムにのっとって山奥の農村に送られる。二人とも父親が医者だったため、反革命分子の息子とみなされたからだ。都会育ちの二人は、およそ文明から隔絶された世界で過酷な労働を強いられる。

といっても本書の語り口には、湿っぽさのかけらもない。からっとしてユーモアにあふれていて、青春にはどんなにつらい体験もわくわくするような冒険に変えてしまう力があるとでも言いたげだ。二人があの手この手で苦難をのりきるエピソードの数々は、村上龍の青春小説の傑作『69 sixty nine』を思わせる。

そして何より彼らを力づけたのは、当時の中国で禁書となっていた西洋文学の名作だった。バルザック、デュマ、フロベール、ロマン・ロラン…こっそり手に入れたそれらの本を、二人は貪るように読み、そして恋するお針子娘にも読んで聞かせる。文学に対する憧れ、情熱、信頼が素直に、何のてらいもなく語られているのがとても新鮮だ。

読書の楽しみのひとつは、一冊の本からまた別な本へと次々に世界が広がっていくことにある。本書を読んで面白いなって思ったら、今度はバルザックに挑戦してみるのもいい。そうしたら主人公たちの気持ちが、もっとよくわかるはずだ。それからラストの一行にこめられた、とっても皮肉な意味合いも。

（平岡敦）

4章

根源的な問いを持つ
じっくり読んで自分を深める本

BEST SELECTION

読書がもたらす、かけがえのない贈り物

書名――『体の贈り物』
著者――レベッカ・ブラウン　訳者――柴田 元幸

本の紹介
不治の病に侵されながらも、病気の進行に抗い、ひたむきに生きようとする人々。ホームケア・ワーカーの「私」は彼らとすごすひとときを愛おしむように、献身的な介助を続ける。

新潮文庫　2004年10月（520円+税）

【著者紹介】

1956年、アメリカ生まれ。男女の、あるいは女性同士の愛を、幻想的な作風で描くことで知られ、シアトルを拠点にして作家活動を続けている。自身、本書の主人公と同じホームケア・ワーカーの経験もある。

本からの MESSAGE

彼らが死ぬと、こっちは彼らがいなくなって寂しくなる。でもある意味では、もうその前から寂しくなっているとも言える。じきに彼らが死ぬことを知っているから。

体の贈り物？　なんだか、不思議な題名だ。表紙をめくると目次にも、汗の贈り物、充足の贈り物、涙の贈り物、肌の贈り物……と並んでいて、最後は悼み(いた)の贈り物。

でも、これっていったいどんな話なんだろう？　主人公の「私」は、エイズ患者の自宅を訪問して、身のまわりの世話をするホームケア・ワーカー。彼女と患者たちの触れ合いがもたらす喜びや悲しみの一瞬を切り取った十一の短編から、本書は成っている。

患者たちの闘病生活は苛酷だ。死の恐怖に押しつぶされそうになりながら、体調の小さな変化に一喜一憂する日々。それを支える「私」の仕事も、けっして楽なものではない。患者の不安を気づかって、できるだけ明るく、さりげなく接している。

そうした現実は、もちろんこの作品をかたち作る重要な要素だけれど、感動を押しつけようとか、ことさら読者を涙させようという小説ではない。語り口はむしろ淡々としていて、そっけないかと思うくらいだ。それでも、短いエピソードのひとつひとつが深く胸に迫ってくるのは、人が生きること、死ぬことの意味を、シンプルな言葉が見事に描き出しているからだろう。

遠からずやって来る死を待つしかない運命を、登場人物の誰もが、ひとつの生き方として受け入れようとしている。患者とホームケア・ワーカーは、単に介護というシステムのなかで出会ったビジネスライクな関係じゃなく、友達なんだと思おうとしている。そして実際、彼らはとてもいい友達だ。

だからこそ、「私」と患者のあいだに生まれる、ときにささやかなことがらが、大切な贈り物(ギフト)になる。急な発熱で汗ばむ体、入浴のくつろぎ、こみあげる涙、洗いたての火照った肌を冷やす空気。死を迎えることも、死を悼むことさえも、すべてが愛(いと)おしむべき贈り物なのだ。

人と人とが真正面からむき合おうとするとき、あらゆるものがめぐみとして輝き出すと、本書は静かに語りかけてくる。その声にじっと耳を澄ませるなら、それはきっとあなたにとって、かけがえのない《読書の贈り物》となるはずだ。

（平岡敦）

BEST SELECTION

あなただったら何にとりつく？

書名——『とりつくしま』

著者——東直子

本の紹介

死んだあと、あの世にいる「とりつくしま係」に見初められた者は、モノになってもう一度この世を体験できる。さまざまなモノに取りついた十人の死者の物語。

ちくま文庫　2011年5月（600円＋税）

【著者紹介】

一九六三年生まれ。歌人、作家。歌集に『春原さんのリコーダー』『青卵』『十階—短歌日記2007』など。小説に『甘い水』『いつか来た町』『いとの森の家』（坪田譲治文学賞）など。

本からの MESSAGE

ああ、でも、どっちでもいいな。陽一は、とてもよかった（中略）これからも、自分で考えて、自分で球を投げるんだ、あの子は。私の、お母さんの役目は、もう、終わったんだ。

「取りつく島もない」という慣用句は、「よりどころがなにもない」という意味だけれど、この小説の「とりつくしま」は、死んだあと、この世になにかしらの思いを残している人がとりつくモノのことだ。そう、とりつく先は、モノでなければいけない。生きているものは、「魂が先にすんで」いるからとりつけないのだ。

死んでしまった人々は、さまざまな「とりつくしま」を選ぶ。母親は、野球部の息子の「ロージン」(ピッチャーが手につける白い粉)を。妻は、夫のマグカップを。父親は、家族のくつろぐリビングにあるマッサージチェアを。ジャングルジム、白壇の扇子、名札、補聴器、日記、リップクリーム、カメラのレンズ。歌人でもある著者の選ぶモノたちは、こちらの想像力を遙かに超えていて、鮮やかな世界を見せてくれる。

死んでなお、大切な人たちを見守りたいと思う気持ちに、共感する人も多いだろう。太古の昔から幽霊話やよみがえりの物語が数多く語られてきたのも、この世から永遠に去る死というものが、容易には受け入れがたいことを物語っている。

しかし、東直子の描くのは、単純な未練ややり直しの物語ではない。実際、「ロージン」の母親は、あとほんの少しだけ息子といられればいいからと、「消耗品」を選ぶ。扇子にとりついた女性は、憧れの書道の師に夏の間だけ、使ってもらうことに喜びを感じる。

母親の補聴器になった娘は、最後には捨てられてしまうし、孫に贈ったカメラのレンズになった祖母は、孫に会うことさえ適わない。孫が、カメラを売り払っていたからだ。でも、祖母は言う。「まだ若いから、ほかのほしいものがいろいろできたとしても、仕方がないかもしれないねえ」

かろうじて愛する生者のそばにいられたモノたちも、モノである以上、こちらから働きかけることはできない。彼らが一切手を下せないところで、世界は進んでいく。

「とりつく」という体裁を取りながらも、東が描くのは、実は「手放す」物語なのだ。やわらかな語りの裏に、死に対する静穏な眼差しがあるからこそ、この作品は「ちょっといい話」などではない根源的な物語になっている。

（三辺律子）

BEST SELECTION

死を悼むことのむずかしさ

書名――『とむらう女』
著者――ロレッタ・エルスワース　訳者――代田亜香子

本の紹介
母の死後、ミネソタ州の大草原（プレーリー）に住むイーヴィと妹で五歳のメイのもとに、父方の伯母であるフローおばさんが引っ越してきた。フローおばさんの仕事は死を弔うこと。イーヴィは、母親を奪ったものである死と出会っていく。

作品社　2009年12月（1600円＋税）

【著者紹介】
ミネソタ州レイクビル在住。

本からの MESSAGE

「自分の庭になんか、したくない。ママのだから」

にわとりが先か、たまごが先かという議論に終わりがないように、死を悼むから弔うのか、弔うから死を悼むことができるのか、そんな問いも、どちらが真かわたしにはわからない。でも、わたしにとっては、後者のほうが腑に落ちる。弔うことでようやく愛しいひとの死に辿り着く。

イーヴィの家族は大草原にある家に住んでいた。母親を亡くしてから、家の中の生活はうまくまわらなくなっていた。だが、突然やってきた、おとむらい師でもあるフローおばさんはすんなりと切り盛りを始める。父親は安らいだ様子になり、妹のメイはあっという間になつき、フローおばさんはあたたかい家の真ん中にいた。イーヴィは、彼女が母親のエプロンをしているのを目にとめて、フローおばさんと母親の違う場所を一つひとつ見つけていく。おとむらい師にしては親しみがもてるフローおばさん。でも、しっくりこない。

母親の代わりに自分たちの面倒を見るためにやってきた女性はいじわるな継母ではなかった。むしろきちんとした大人だった。イーヴィがしかけたいじわるにも怒ったりしない。イーヴィのしでかした恥ずかしい間違いを内緒にしていてくれる。イーヴィの苛立ちに理解を示しながらも、譲れぬ意見は十一歳のイーヴィにもまっすぐに伝える。

だからこそ際立つのが、イーヴィ自身が抱えている心の問題だ。母のお葬式で泣けなかったこと。母の遺体を母とは思えなかったこと。棺の中の母を一度しか見なかったこと。埋葬時になっても母の死を理解できなかったメイとは異なる、イーヴィの抱いた死と死後の生活への戸惑い。

だが、こうした生活に区切りをつける日がやってくる。フローおばさんとの対話がその契機となり、言葉にできない苛立ちの正体を知るようになる。おとむらい師という仕事、おばさんの仕事に対する誇りに触れ、家族を亡くす人々と触れ合うことで、イーヴィは死についての何かを掴んでいくのだ。そして、今はこの世にいない母親のことを穏やかに思い出すようになっていく。本書のラストは、母の死を悼むことができたイーヴィの力強い言葉で締められている。

（安竹希光恵）

BEST SELECTION

南の島に隠された秘密を追って

書名——『ぼくのキャノン』

著者——池上永一

本の紹介

雄太と博志、美奈は、沖縄の小さな村に暮らす小学生だ。村は不思議なことに「キャノン様」と崇められる大砲を中心にすべてが運営されている。豊かな自然の中で遊ぶ雄太たちは、やがて村に隠された秘密に気づく。

角川文庫　2010年3月（629円+税）

【著者紹介】

1970年沖縄県生まれ。1994年、『バガージマヌパナス』で日本ファンタジーノベル大賞を受賞。『風車祭（カジマヤー）』『あたしのマブイみませんでしたか』『テンペスト』など、沖縄を舞台にしたファンタジックな作品を次々に書いている。

本からのMESSAGE

マングローブの川、珊瑚の海、ジャングルの山、赤い土の畑、全てが命に包まれていた。景色はいつも賑やかで、華やいで、きらびやかで、色とりどりの錦をパッチワークしたみたいだ。

村を見下ろす古い城跡（グスク）には、「キャノン様」と呼ばれる大砲が置かれています。雄太たちのお気に入りの遊び場所です。直情タイプの雄太に対し、博志は考え深い優等生ですが、互いの性格をよく知る友達です。美奈も加わり、三人は毎日のように一緒に遊んでいます。

キャノン様の祭祀一切を取り仕切るマカトは雄太の祖母（オバァ）であり、村の行政や経済活動も司る実力者です。彼女の圧倒的な力は、博志の祖父である樹王、美奈の祖母チヨによって支えられていますが、この三人には何か秘密めいた雰囲気が漂います。デイゴの花咲く小さな村には、リゾートホテルやクアハウスに加え、緊急搬送用のヘリコプターも備えられるなど、驚くほどさまざまな設備が整っているのです。

怪しい外国人たちやリゾート開発を目論む都会人が村にやってくるところから、物語は思わぬ方向へと進み始めます。マカトたちがよそ者を警戒し開発を望まないのは、乱開発による環境破壊を心配するからではありませんでした。そこには、第二次世界大戦以降の沖縄の抱える闇があったのです。

村の中には熱帯雨林が広がっています。その密林に足を踏み入れると身が汚れるのだと、マカトは村人たちに言い聞かせ、周囲に有刺鉄線を張りめぐらせていました。しかし、雄太と博志はあるとき禁を破ってそこへ入り込みます。そこで二人が見つけたものこそ、小さな村に不相応な財政を解き明かすカギとなるものでした。

沖縄に生まれ育った作者は、その亜熱帯気候の自然や文化をこよなく大切に思っているようです。作者の想像によって生み出された架空の村でありながら、沖縄の風景やしきたりがたっぷりと描かれているのは、この作品の大きな魅力の一つです。荒唐無稽なストーリー展開は愉快ですが、物語を支えているのは戦争の事実です。第二次世界大戦の際の沖縄戦や、アメリカの占領下に置かれた戦後について、作者はリアルに、しかも辛辣なタッチで描いています。戦争の落とした影は、世代を超えて人々に引き継がれているのだという重いメッセージも、読後にじわじわと伝わってきます。

（松村由利子）

BEST SELECTION

戦争の中の日常を知るための大切な一冊

書名――『第八森の子どもたち』

著者――エルス・ペルフロム　訳者――野坂 悦子

本の紹介

第二次世界大戦末期のオランダ。主人公の少女ノーチェは、父親と一緒にある村に疎開することになります。見知らぬ人たちとの日々をノーチェはどう暮らし、どう感じたのでしょうか。

福音館文庫　２００７年５月（７５０円＋税）

【著者紹介】

１９３４年、オランダ生まれ。翻訳や地元紙の編集などののち、『第八森の子どもたち』（１９７７年）を発表。オランダで最も優れた児童文学に与えられる「金の石筆賞」を受賞。その後も二度、「金の石筆賞」を受賞している。１９９９年よりポルトガル在住。

本からの MESSAGE

「おれだって、べつに楽しいとはいってないよ」と、エバートがこたえました。「女の子にはわからないんだな。戦争なんだから、戦わなくちゃ。いざとなったら、しかたがないんだ」

戦争を描いた児童文学は正義と悪、戦争と平和を対立的に描きがちですが、戦争と平和は常に地続きにあります。この物語は、戦時下の子どもが体験した日常を丹念に描いています。

父親と疎開し、ある村の農家、エフェリンゲン一家の元で暮らす十一歳のノーチェ。一家は、ノーチェたちのような避難民を温かく迎え入れていますから、彼ら以外にも何人か住んでいます。

乳しぼりを手伝わせてもらえないことへの不満。友達のエバートと紙煙草を吸いたくて聖書を破いてしまう話。木登り。お手伝い。戦時下で大変な暮らしではあるのですが、ノーチェには農家の生活は珍しく、おもしろくもあります。

そうした子どもの日常に、戦争は確実に食い込んできます。屋根裏に隠れるように暮らしているのはナチスへの抵抗運動をしていたテオ。顔見知りのユダヤ人のおじさんが娘と共に連行されていきます。イギリスにまで届かないV1ロケットが森に落ちたり、まだ少年のドイツ兵が脱走して来たりもします。そして森の中には、若いユダヤ人家族が隠れていて、そこでの出産の手伝いをノーチェはして、後には、生まれたばかりの赤ん坊を引き取ってノーチェが面倒を見るのです。

しかしやがてユダヤ人一家は森から消えてしまいます。おそらくナチスに見つかってしまったのです。しかしそれは秘密にしなければなりません。その時のノーチェとエバートについてはこう書かれています。「口にしてはいけないことを心にかかえ、二人は、急に大人びてしまったようでした」。

また、ドイツ兵が駐留したり、家畜を持って行ってしまったり、戦時下の日常は次第に厳しさをましていきます。戦争の顔がくっきりと浮かび上がってくるのです。

ようやく戦争が終わります。そのときノーチェにはエフェリンゲン一家との暮らしが日常になっています。けれど、去らなければならない。アムステルダムの学校に通いながら、彼女はこう思っています。「ノーチェは、やり場のない怒りを感じるのです。なぜ、わたしは、あのあたたかい台所からひきはなされ、知らない人ばかりの教室にすわっているのか」と。子どもは戦争に翻弄されるのです。

（ひこ・田中）

BEST SELECTION

ハイジはただ、愛してほしいと思っていた

書名――『ヒットラーのむすめ』

著者――ジャッキー・フレンチ　訳者――さくまゆみこ

本の紹介

四人がスクールバスを待つ間に始まった「お話ゲーム」。一人が主人公を決めて、お話をつくっていくゲームです。ある日アンナが、ヒットラーのむすめのお話ゲームを語りだしました。

鈴木出版　2004年12月　（1400円＋税）

【著者紹介】

オーストラリアの児童文学作家。シドニー生まれ。『ヒットラーのむすめ』はイギリスでの受賞を含め、10の賞に輝いた。

本からの
MESSAGE

「もし自分の親が何か悪いことをしてたとしたら、わかると思う?」アンナが静かな声でたずねた。

「もちろんわかるさ。だけど、どう考えても、うちの親はほんとに悪いことなんか、しそうにないけどね」

「ほんと?」

オーストラリアのワラビークリークでは、バスで学校に行きます。マーク、ベン、おちびのトレーシー、アンナの四人が、待合所でバスを待つ間に始まったのが「お話ゲーム」です。語り手が登場人物を決め、お話を作っていくゲームです。

ある日、はじめてアンナがゲームの語り手になり、お話を語りだしました。昔の、戦争中の女の子のお話です。いるはずのない、当時総裁だった、ヒットラーのむすめのお話。名前はハイジといい、すてきな家があり、おいしいものが食べられて、戦争の中でとても贅沢な暮らしをしていました。ハイジは、家庭教師のゲルバー先生と家政婦のムントさんとともに、誰にも知られることなく、別荘で暮らしていました。学校に行かず、先生に勉強を習い、午後は散歩をして過ごすのです。ハイジが「デュフィ」と呼んでいたヒットラーは、時々会いに来て、「わたしの小さな娘」と呼びかけましたが、父親がなにをしていたかはまったく知りませんでした。

戦争が進むにつれ、ハイジの生活も変わっていきました。引っ越しをし、護衛の数は一人になり、食事の回数が減り、夜になると、家の上を飛行機が飛びまわりました。いよいよ地下室に逃げ込み、ゲルバー先生もいなくなってしまいます。

ハイジは、戦火に消えていってしまうのでしょうか。誰にも父親がヒットラーであることを知られないまま、ひっそりといなくなってしまうのでしょうか。

続きが気になるマークは、機会があればアンナに先を話すよう、お願いするほどになります。ハイジの話に引き込まれていき、徐々に疑問を持つようになります。本当にハイジはなにも知らなかったのだろうか、もしハイジのように、父親がヒットラーだったら、自分はどうするのだろうか。

マークのように、戦争について、自分のことと して考え、疑問をもってみてください。これからのあなたの人生の糧になるでしょう。自分の人生を自分で考えて、選択していくことにつながるからです。自分の人生は、自分で選ぶ――。これこそが、とても幸せなことであると、この物語は教えてくれます。

（森口泉）

BEST SELECTION

戦争の記憶と少年時代

書名――『ブラッカムの爆撃機』
著者――ロバート・ウェストール　訳者――金原瑞人

本の紹介
第二次世界大戦下のイギリスを舞台にした三編をおさめた短編集。飛行機がドイツ兵の亡霊にとりつかれる「ブラッカムの爆撃機」、屋敷の中で時空をこえる「チャス・マクギルの幽霊」、古い品々を介して祖父と心を通わせる「ぼくを作ったもの」。

岩波書店　2006年10月　（1600円＋税）

【著者紹介】
一九二九〜一九九三年。ノーサンバーランド生まれ。デビュー作の『〈機関銃要塞〉の少年たち』でカーネギー賞受賞。過去の殺人事件と現代の少年の不安が呼応する『かかし』（一九八一）、空襲を受け、町を出て逃げる少年のロードドラマ『海辺の王国』（一九九〇）など、短編から長編まで評価が高い。

本からの
MESSAGE

おまえのじいさんは勇敢（ゆうかん）な兵士だったらしいな。最後まで歩き通したわけだ。おれなんかのずっと先までな。

ウェストールは骨太な作家だ。ものごとの正の面も負の面も見すえ、痛みがあっても独特のユーモアとあたたかさで昇華する。戦争を背景にしても、安易な善悪判断や平和主義に流れることのない迫力と重みをもち、状況の多面性を浮かび上がらせる。

表題作の「ブラッカムの爆撃機」は、第二次世界大戦中のイギリス空軍兵が経験した、奇妙で恐ろしい生還の物語である。主人公のゲアリーは爆撃機の無線兵で、冷静沈着な「親父」ことタウンゼント機長に救われる。

ある出撃時、嫌われ者のブラッカム軍曹の爆撃機がドイツ機を残酷に撃墜する。タウンゼント機の乗員が至近で目撃した若い兵士の焼死と墜落は、それだけでもショックなものだが、以来、ブラッカム機の無線には「ママ、ママ」というドイツ語の叫びと「ハイル・ヒットラー」という亡霊の叫びがこだまし、乗務員を恐怖のどん底に突き落とすようになる。呪われた飛行機の行方にハラハラするとともに、ドイツ兵の苦悶も、生きのびた者たちが負った傷も、あまりにせつない。

「チャス・マクギルの幽霊」は、同じように奇妙な話だが、ぐっと後味がいい。第二次世界大戦で疎開してきた祖父の家の隠し部屋で少年は、若い青年チャス・マクギルに出会う。二〇年の時空を超えて二人が不思議につながるとき、時間の流れに抗い、運命に抗い、歴史をほんの少し、あたたかい方へと変える。

ウェストールの戦争や歴史への思いは、三話目の「ぼくを作ったもの」に凝縮されている。「ぼく」は、退役軍人の祖父の箱にある古い品々を偶然に見つけ、そこにまつわる物語を聞いて魅了される。苦手だった祖父との距離を縮め、「あらゆるものには物語がある」ことに気づいた少年は、タイトルの通り「ぼくを作ったもの」を理解し、歴史を受け継ぎ、眺め、対話する喜びを知る。

「ぼく」の目覚めは、戦争という時代や、個人の中の子ども時代という過去、現在の「ぼくたち」を作ったものは何かと問い、歴史と対話し続けるウェストール自身の真摯な態度と重なるだろう。この作家は「彼を作ったもの」をいつ意識したのだろうかと考えるのも楽しい。

（鈴木宏枝）

5章

答えはひとつじゃない！
新しいものの見方に触れる本

BEST SELECTION

ネット時代の「読み方」を考える

書名――『ネット・バカ　インターネットがわたしたちの脳にしていること』

著者――ニコラス・G・カー　訳者――篠儀直子

本の紹介
インターネットの普及で生活が便利になった半面、人間はさまざまな能力を鈍らせつつある。ネット以前の世界へ戻れない以上、私たちができるのは、自分の脳がどう変化したか把握し、自覚的にネットと付き合うことだ。

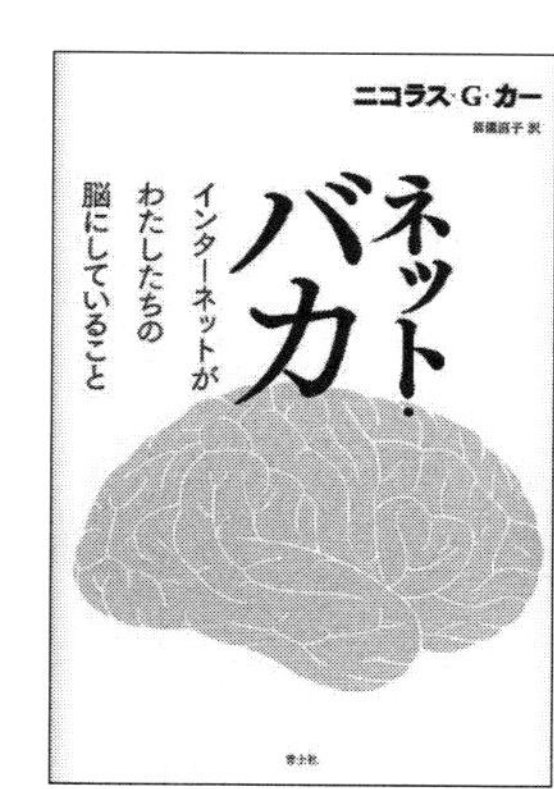

青土社　2010年7月（2200円＋税）

【著者紹介】

テクノロジーを中心とした社会的、文化的問題を論じる著述家。日本で翻訳された著書はほかに、さまざまな自動化を取り上げた『オートメーション・バカ　先端技術がわたしたちにしていること』や、『クラウド化する世界』『ITにお金を使うのは、もうおやめなさい』など。

本からのMESSAGE

オンラインの刺激が過多になった場合、われわれの学習能力は相当量減じられることがある。情報の多さが、知の少なさにつながる可能性があるのだ。

書物がつくられるようになって、人間の脳は大きな変化を遂げました。「読む」という行為は、視覚的な情報である文字を認識し、聴覚的な情報に置き換えたりイメージを再構築したりし、さらに思考するという一連のプロセスです。それは、切れ目なく注意を持続する能力を必要としますが、人間の知的な活動をとても豊かにしました。

ところが、パソコンとインターネットが普及したことによって、読む行為はさらに変化しました。一冊の本に書かれた長い文章をじっくり読むのではなく、あちこちのウェブサイトをのぞいては、ぱっぱっと拾い読みし、リンクに飛び、その合間にメールをチェックする――そんな読み方をする人が増えたのです。これは悪い読み方ではなく、新しい読み方の誕生といえるでしょう。

この本を読もうとするあなたたちは、生まれたときからスマートフォンやパソコンがあった世代です。だから、そうした読み方のほうがふつうでしょう。けれども、集中して深い思考を巡らせる旧来の読み方を身につけることも大切です。

実際のところ、この本には専門的な事柄も多く出てくるので、読みにくいかもしれません。けれども、それこそ、ネットサーフィンのような飛ばし読みや、面白そうなところだけの拾い読みを勧めたいと思います。

昔は書物を手にすることができるのは選ばれた人だけであり、大量生産された本が多くの人々の世界を広げたという歴史、タクシー運転手の脳が一般の人たちの脳よりも空間的な把握に優れているという脳科学の実験結果――印刷技術やコンピュータなどの発明が人類にどんな恩恵を与えたか、また人間の脳はどんどん変わり続けていることを知るだけでもよいのです。

インターネットも包丁やハンマーといった道具と同じで、どう使いこなすかは個々人にまかされています。「読む」という行為にもさまざまなレベルがあり、ネット上での浅く素早い読み方、紙の本とじっくり向き合う深い読み方、どちらもできた方が収穫は多いでしょう。刺激的なタイトルですが、ネット社会を否定してはいません。ネットが普及する以前の世界を知り、読む達人になることを勧める本です。

（松村由利子）

BEST SELECTION

絵画に描かれた意味を読み解く

書名――『イメージを読む　―美術史入門―』

著者――若桑みどり

本の紹介
人間はさまざまな芸術を創造してきた。洞窟に描かれた動物の絵も、美しい工芸品や彫刻、絵画もすべて芸術だが、そこには必ず何らかのメッセージが込められている。それを読み解く手がかりが「イメージ」である。

ちくま学芸文庫　２００５年４月（８８０円＋税）

【著者紹介】
１９３５年東京生まれ。東京藝術大学美術学部卒業。美術史家（西洋美術史、表象文化史）。『寓意と象徴の女性像』でサントリー学芸賞、『薔薇のイコノロジー』で芸術選奨文部大臣賞、『クアトロ・ラガッツィ』で大佛次郎賞を受賞。２００７年10月死去。

本からの
MESSAGE

絵を見るという行為（こうい）は、いつでも、作者の見た目で、世界を見るという行為です。また、見る人間もそこに参加します。そうして、今度は自分の目でそのイメージから自分の意味をひきだすのです。

美術作品は、目に見えない感情や思想、メッセージなどを、目に見えるかたち、つまりイメージとして表現したものです。

私たちは生まれる時代や国を選べません。そして、自分では気づかなくとも、同時代に世界で起こったことに大きな影響を受けています。だから、著者は美術作品を読み解く際、芸術家が生きた時代を知り、その表現を美術史や人類史の中に位置づけることが大事だと説きます。

レオナルド・ダ・ヴィンチは天才的な芸術家でしたが、人間性を豊かに表現するルネサンスという時代に生まれたことが、彼に与えた影響は小さくなかったはずです。また、もしダ・ヴィンチが豊かな川とアルプス山脈のあるイタリアでなく、砂漠が多く自然の厳しい国に生まれていたら、描かれる世界は全く違っていたに違いありません。

著者は、ダ・ヴィンチ、ミケランジェロ、デューラーという、同じ時代に生きた三人の優れた芸術家について、詳しく見ていきます。同じイタリア人でも、ミケランジェロはキリスト教的な世界観を壮大に描き、ダ・ヴィンチは神のいない宇宙観を大胆に表しました。ところが同時代のドイツでは、イタリア・ルネサンスの影響を受けることなく、全く違う文化が育っていました。ドイツのデューラーの作品を見るときは、そのことを考える必要があります。こうして、イメージの読み取り方を少しずつ学んでゆくとき、私たちは「現代の目で過去を切ってはならない」という大切な考え方を知ります。さまざまなものが発明されて便利になった現代を基準にして、数百年、数千年前の世界観や宇宙観を知ろうとするのは難しいことですし、誤った解釈も生まれるでしょう。

絵画というものは、新聞や雑誌、インターネットなどのない時代、重要なメディアの一つだったのです。それがわかると、一枚の絵を見る時も、どんなイメージやメッセージが隠されているのか、知りたくなります。本書が伝えているのは、人間が歴史の中でどんなイメージを芸術作品に盛り込んできたか、それが現代にどう生かされているかを知る楽しさです。私たちもまた、長い人類史の中の一瞬を生きる存在なのだと思わされます。

（松村由利子）

BEST SELECTION

きみならどんな「憲法前文」を書く？

書名――『読む。書く。護る。』

著者――大塚英志

本の紹介

衆参両院で、憲法改正発議に必要な三分の二の議員が改正派となった現在。もはや憲法なんて興味がないとは言っていられない時代となった。憲法前文を自分で書いてみることで、身近に感じることから始めてみよう。

角川書店　2004年3月（1100円＋税）

【著者紹介】

まんが原作者、小説家、評論家、編集者。『多重人格探偵サイコ』『木島日記』の原作でも脚光を浴びる。

本からの

MESSAGE

「まず、自分の理念をことばにして、そして、その上で、それを根拠として、現行憲法と向かいあうことが大切だと考えます。」

憲法は、日頃私たちが意識しているものではないし、実際の日常生活とどうかかわるのか、よく分からない。

けれど、それは私たちの国の基本を形作っているものだ。

憲法が国民に保証している内容を日頃意識しないで済んでいるなら、それは平和な証拠だろう。しかし今、改正の話が政治の場で語られ始めている現在、憲法は国民に何を保証してくれているかを知ること、そして、どこを変えられようとしているかを知ることは、とても大切だ。分からないまま変わってしまい、あとで後悔してしまう可能性が高いのだから。

この本は、「憲法前文」をそれぞれが自分自身で書いてみようという大塚の呼びかけで、作られている。

大塚の動機説明はとても分かりやすい。

今の憲法がＧＨＱ（連合国軍総司令部）からの押しつけ（本当は、そうとも言い切れない）だからだめだといった感情で、判断してしまうことは正しくない。この国の将来にわたって重要になることを考えるのだから、「有権者のうちに明瞭な『基準』が必要」だ。だから、それぞれが、自分が考える、「憲法前文」を自分の言葉で書いてみよう。

また、新しい憲法が作られることとなったとしても、その作成を官僚だけに任せていては、今度は官僚からの「押しつけ憲法」になってしまうではないか。「民意」を反映させるためのレッスンとして、具体的に「憲法前文」を書いてみようということ。

書くにあたって、大塚はこう問いかける。

「いかなる主語をもってあなたはあなたの『憲法前文』を書くのでしょうか」と。

掲載された若い人たちの「憲法前文」は本当に様々で、考え方や意見の幅は大きいのがよく分かるので、自分はどの立ち位置かを考えてもいいだろう。

現憲法の条文は国立国会図書館のサイト（http://www.ndl.go.jp/constitution/etc/j01.html）で、自民党の「日本国憲法改正草案」は（http://constitution.jimin.jp/draft/）で読めます。

（ひこ・田中）

BEST SELECTION

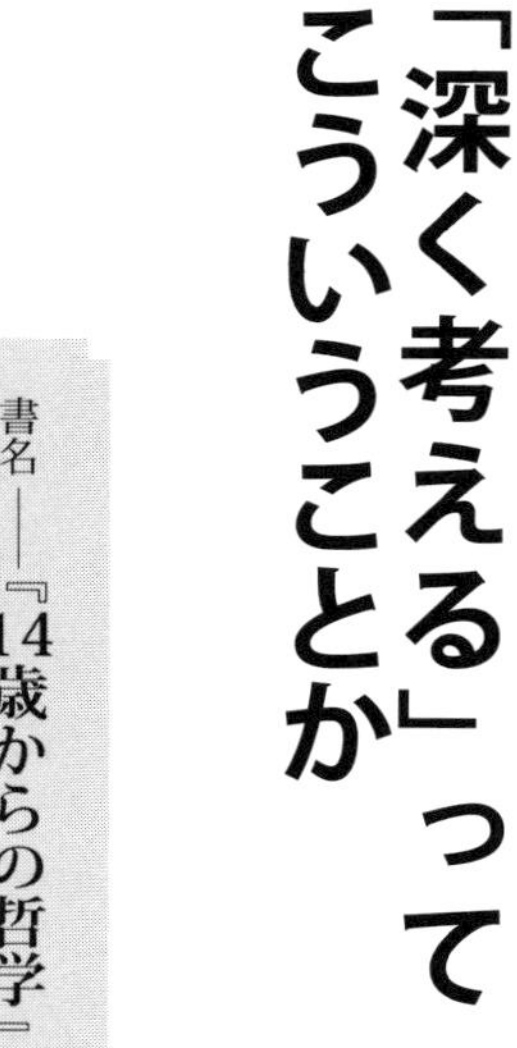

「深く考える」ってこういうことか

書名――『14歳からの哲学』

著者――池田晶子

本の紹介
むずかしい言葉を使わずに、「自分」「死」「家族」「恋愛と性」「人生の意味」など、大切な30のテーマを哲学的に考察している。読み進めるうちに、自分の考えも深まり広がっていく。

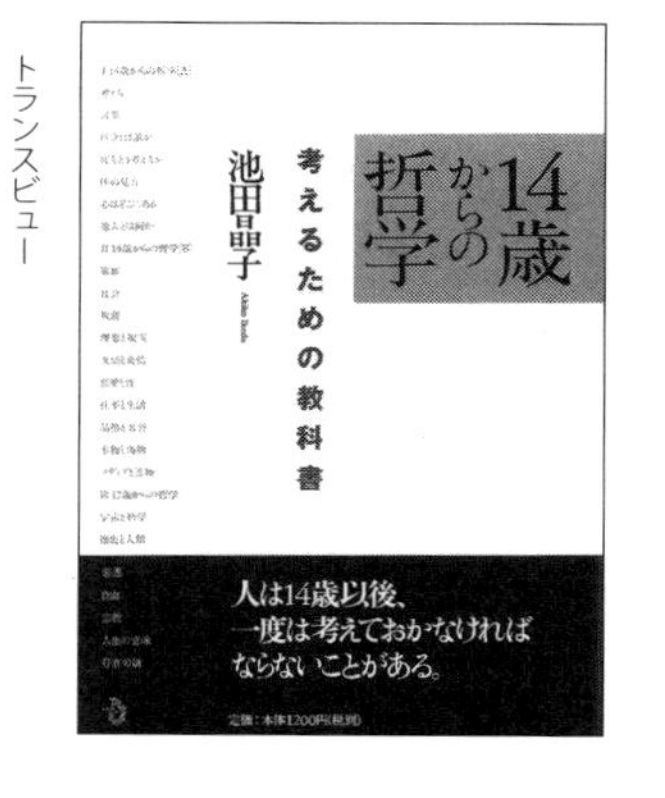

トランスビュー
2003年3月（1200円＋税）

【著者紹介】

日常の言葉で哲学を語るという新たな境地を開拓している。『帰ってきたソクラテス』『考える日々』『あたりまえなことばかり』などがある。

本からのMESSAGE

「自分である」ということは、こんなふうに、見える体の側から考えても、見えない心の側から考えても、いや、考えれば考えるほどに、奥が深くて底が知れないものなんだ。

不況のときこそ、その国の成熟度がわかる。文化・教育・福祉、金がないからといって、ここから予算を削っていくような国は最低だ。

また不況のときこそ、その国民の知的成熟度がわかる。金がないからといって、法学部、経営学部、医学部、工学部といった実学に志願者が集中するような国は嘆かわしい。

しかし日本は、そういう意味で、最低であり、嘆かわしい。虚学の中心ともいえる文学部・哲学科の志願者が目に見えて減っていき、これを廃止する大学まで出てきた。恥を知れといいたい。

しかし、そう捨てたものでもないという気もする。というのは、『14歳からの哲学：考えるための教科書』という素敵な本が出たからだ。

これは徹底的にやさしい言葉で、徹底的に深く考えてみようという画期的な本で、いわゆる哲学入門書とはまったく異なっている。ソクラテス、プラトンといった哲学者の名前も出てこないし、実存、構造、ポストモダンといった用語も出てこない。出てくるのは、「生きる」「美しい」「正しい」「思う」といった、ありふれた言葉だ。

たとえば「死」について考える。

「死体のどこに、死があるのだろうか。死体から死を取り出して見ることができるだろうか……。死体は見ることができるけど、死は見ることができない……『自分が死ぬ』ということはどういうことなんだろうか……自分の肉体のすべてが『なくなる』、こう思うことはできる。でも、そう思っているこの自分が『なくなる』、これを考えることができるだろうか……じゃあ……『自分がない』を考えてみよう……」

という具合に、どこまでも考えていく。生と死について、心について、恋愛や性について、宇宙について、歴史について、存在について……読んでいくうちに、ぞくぞくしてくる。そう、これは考える方法について、とてもわかりやすく説明した本なのだ。

こういう本は若者だけでなく大人にも売れなくてはいけないと、心から思う。

（金原瑞人）

BEST SELECTION

世界の不思議、生命の不思議

書名――『へんないきもの』
著者――早川いくを　絵――寺西晃

本の紹介
海の底にも陸の上にも、変わった形の、変わった生態の生きものたちが、たくさん生息している。地球はこんなにも多様な生物を生み出し、進化させてきた。ヒトは少しばかり知能が高いけれど、その一種に過ぎない。

新潮文庫　2010年5月（550円＋税）

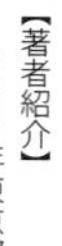
【著者紹介】
1965年東京都生まれ。多摩美術大学グラフィックデザイン科卒業。広告制作会社、出版社勤務を経て、ブックデザインと著述業の両方に携わる「デザイン・ライター」に。本書の続編として『またまたへんないきもの』『へんないきもの三千里』がある。

本からの MESSAGE

アロワナは水面から体長の倍もの距離を大ジャンプして獲物を仕留める。水中から、空中高くの小さな虫を狙いたがわず捕らえるのだ。精妙な視覚システムと高度な運動能力がこんな芸当を可能にする。

地球上の生物は、まだ知られていないものも含めると、だいたい５００万種から３０００万種の間だと考えられています。そのうち見つかっているものは、約１７５万種に過ぎません。わたしたちヒトを含む哺乳類は約六千種ですが、昆虫は約95万種と圧倒的多数を占めています。

この本には、昆虫や魚、哺乳類も登場します。しかも、その顔ぶれはへんてこなものばかり。にこにこマークのような模様が甲羅に付いているヒライソガニ、木片などを水面に投げ、餌だと思って寄ってきた魚をつかまえるササゴイという鳥など、彼らの姿かたちや生態には驚かされます。童謡「アイアイ」でおなじみのアイアイが、「異様に伸びたかぎ爪」で木の幹をカカカカと素早くたたき、その音を聴いて幹の中に潜むイモムシを探り当て、爪でひっかき出したイモムシをむしゃむしゃ食べてしまうなんて……。「あの愛らしいイメージは一体どこへ」と思ったときには、もうこの本の世界へ引きずり込まれています。

体重十グラムにも満たない、世界最小の哺乳類トガリネズミは、エサがなくなると数時間で死んでしまうそうです。目に見えないほど小さいクマムシは、水分のほとんどない環境に置くと、「乾眠」という仮死状態になり、１５０度の高熱や６０００気圧もの高圧、また真空や放射線にも耐え、数十年以上生き続けられます。彼らはどんなふうにプログラムされているのでしょう。

「へんないきもの」をひとつずつ説明してみせる作者もまた、「へんな」人と言ってよいかもしれません。擬態の名人、ミミックオクトパスというタコについて、「物真似のネタは40種を超える」とたとえ、一発ギャグで何年も稼ぐ芸人さんと比べてみせたりするのですから。でも、私たちはみな、どこかしら「へんな」ところを持っているのです。同じ集団の中でも少しくらい違っていた方が、生き延びるのに都合がよいこともあるはずです。そのようにして生物は進化してきたのです。

学校で遺伝子や生物進化について習うときに、「へんないきもの」を思い出すと、生命の不思議さや尊さがいっそう実感できると思います。いつか、この本に書かれていない生物をあなた自身が見つけることもあるかもしれません。（松村由利子）

BEST SELECTION

生命のかけがえのなさ

書名――『生物と無生物のあいだ』

著者――福岡伸一

本の紹介

生命活動はDNAによって成り立っている。遺伝子情報であるDNAは、たった四つの塩基の組み合わせでアミノ酸をコードしている。このメカニズムが解明される科学史の歩みは、どんなミステリーよりも胸の躍る物語だ。

講談社現代新書　2007年5月（740円＋税）

【著者紹介】
1959年東京生まれ。京都大学卒業。ハーバード大学医学部研究員、京都大学助教授などを経て、現在、青山学院大学教授。分子生物学専攻。本書でサントリー学芸賞、新書大賞を受賞。『プリオン説はほんとうか？』で講談社出版文化賞科学出版賞受賞。他に『芸術と科学のあいだ』『世界は分けてもわからない』など。

生物と無生物のあいだ
福岡伸一
講談社現代新書
1891

本からのMESSAGE

生物には時間がある。その内部には常に不可逆的な時間の流れがあり、その流れに沿って折りたたまれ、一度、折りたたんだら二度と解くことのできないものとして生物はある。

遺伝子の本体は、DNAという化学物質です。二本の鎖がらせん状に絡まり合ったDNAの模型は、今やすっかりおなじみのものですが、四種類の塩基だけで出来た、こんな単純な物質が生物にとって重要な遺伝情報を担っているなんて、最初は信じられないことでした。

科学者である著者は、この驚くべき発見についての論文発表と栄光の足跡を、手に汗握るような物語として描いてみせます。DNAの二重らせん構造を明らかにした人たちにはノーベル賞が授与されました。けれども、彼らの功績の後ろには、重要な働きをしたにもかかわらず、スポットライトを浴びることなく表舞台を去った一人の女性がいたのです。著者は、こつこつと研究に励んだ彼女に対して、温かなまなざしを注いでいます。

そんな人間ドラマが描かれる一方で、生物を目に見えないダイナミックな生命活動の集合体としてとらえる試みも展開されます。

私たちは、自分を完全な個体として考えています。「何して遊ぼうかな」「将来、どんな仕事をしようかな」――そんなことを考えているのは、「私」という確固とした存在のはずです。でも、私たちは毎日いろいろなものを食べてアミノ酸に分解し、新たなタンパク質を作っています。つまり、皮膚や爪、毛髪をはじめ、体のあらゆる部分で古くなったものが新しいものに置き換えられ続けているのです。大人たちはよく「お変わりありませんか」とあいさつし合いますが、一年ほど会わずにいれば、私たちの体は細胞のレベルではすっかり入れ替わっていて、「お変わりありまくり」なのだと著者は言います。

だからといって、去年の「私」が、今の「私」と全く違った心や能力をもっているわけではありません。「生きている」ということは、とどまることのない流れのようなものだと考えられます。一つひとつの細胞は絶えず変化しているのに、日々変わらぬ「私」として生きているのは、何と不思議なことでしょう。こうした生命活動の流れは、さかのぼることができません。ひとつの受精卵が生まれた瞬間から、後戻りできない一方向のプロセスなのです。そこに、生命のかけがえのなさを感じずにはいられません。

（松村由利子）

BEST SELECTION

命と向き合う姿勢にドキリとさせられる

書名——『動物の死は、かなしい？
元動物園飼育係が伝える命のはなし』

著者——あべ弘士

本の紹介
旭山動物園の飼育係であった、絵本作家あべ弘士が見つめる命のお話。若き旭山動物園の成長や奮闘、退職後に絵本作家に転身するまでなどが作家自身の言葉で軽快に語られている。

河出書房新社　２０１０年８月（１２００円＋税）

【著者紹介】

１９４８年北海道旭川市生まれ、絵本作家。１９７２年から25年間、旭川市旭山動物園飼育係として勤務。在職中に絵本作家としてデビュー。『あらしのよるに』（文・木村裕一／講談社）で講談社出版文化賞、産経児童出版文化賞ＪＲ賞を受賞。〈ハリネズミのプルプル〉シリーズ（文渓堂）で赤い鳥さし絵賞受賞。『ゴリラにっき』（小学館）で小学館児童出版文化賞受賞。

本からの MESSAGE

「命」とは、「生きる」とは、に答えるとすれば、ぼくにとっては「描く」ことになるだろうか。周りに棲むミミズやクワガタムシや、エゾリスやフクロウたちの命と対等に闘（たたか）えるとしたら〝絵を描く〟ことだろう。

あべ弘士さんの絵本を開くと、立ち上ってくる並々ならぬ気配を感じる。それは生のエネルギー。生きることへの賛歌。温かく私の中に流れ込んでくることもあれば、ときとして、姿勢を正して向き合わなければならないほどの凄みを感じることもある。どうして、あべさんの描くものに、このような印象を受けるのだろうか。

あべさんは、北海道の旭川でたくさんの生き物に囲まれて育ち、今も旭川にアトリエを構え、生き生きとした動物たちを描いている。子供の頃から描くことが大好きだったあべさんが、なぜ絵本作家になる前に動物の飼育係になったのか、そして、現在は行動展示などで有名な旭山動物園が、いかにして今の形になったのかが、このエッセイの中で生き生きと語られている。軽妙なおしゃべりに聞きほれていると、突然ドキリとさせられる。エッセイのそこかしこに、あべさんの命へ向き合う気迫と覚悟が見て取れる。

あべさんにとっての「描く」は命を見つめる作業だ。動物の生と死に真正面から向き合う飼育係という仕事は、そう考えるとまさに「天職」であり、人生にとって不可欠なものだったということがわかる。飼育係は命懸けの仕事だ。猛獣はもちろん、自分の体重の何倍もの生き物の世話は、ちょっとのことで大きな事故を引き起こす。もちろん、動物も死ぬ。飼育係の些細な失敗が原因で死んでしまうこともある。一方で、動物たちには、お客さんたちに喜ばれながら生活しているという一面もあり、新しい命が誕生したりもする。動物園とは「生と死があふれる場所」なのだ。

子供の頃から命の声に耳を傾け、動物園に勤めてからは、常に命と真剣勝負してきたあべさん。だからこそ、生きることに必死だし、どんな経験も無駄にしない。生きてきた時間のすべてが血肉になっている。ただ、パワフルというだけでない説得力がある。かっこいいなあと思う。一時もぼんやりしないで、ガツガツ生きていかなければならないと思わされる。命を見つめ、敬意を表しているからこそ、あべさんは動物を描き続けていくのだろう。

（兼森理恵）

BEST SELECTION

明日から世界を見る目が変わるかもしれない

書名――『いのちの食べかた』

著者――森 達也

本の紹介

たとえば晩ごはんのカレーやスープにお肉が入ってなかったら？ 年間、どのくらいの牛や豚、にわとりが食肉にされている？ 身近なテーマを切り口にして、いのちについてちょっと深く考えさせてくれる本。二色刷でイラストも豊富。

イースト・プレス
2011年7月 （1000円＋税）

【著者紹介】

テレビディレクター、映画監督。1998年、自主制作ドキュメンタリー映画『A』を発表、ベルリン映画祭に正式招待される。続編『A2』が山形国際ドキュメンタリー映画祭にて審査員特別賞、市民賞をダブル受賞する。著書に『ドキュメンタリーは嘘をつく』『きみが選んだ死刑のスイッチ』『極私的メディア論』『A3』などがある。

本からのMESSAGE

人は愚かだと昔からよく言われていたけれど、知っていることを間違えるほど愚かじゃない。知らないから人は間違う。知る気になれば知れるのに、知ろうとしないこともある。

体を洗った牛の眉間に3センチほどの針を打ちこみ、脳震盪を起こさせ、眉間の穴からワイヤーを差し込んで、全身を麻痺させると同時に、首の下をナイフで切ると、頸動脈から血がほとばしる。この間、数十秒。こうして牛にほとんど苦痛を与えないで、生きたまま血を抜くことによって、おいしい肉を作ることができる。さらに牛は頭を落とされ、脚を切断され、少しずつ小さなパーツに解体されていく。

ドキュメンタリー映画監督・ノンフィクション作家・森達也の『いのちの食べかた』はすごい。最初のあたりで、みんなの口に入る肉が作られていく過程が、まるで目にみえるかのように描かれていく。牛が殺されて解体されていく過程を、これほど具体的・客観的に説明した、子どもの本には今までお目にかかったことがない。

それだけでなく、食肉にかかわる職人さんたちの気持ちやその素晴らしい技術についても、きちんと書かれている。

それだけでなく、生き物を殺すことによって世界を支えてきた人々に対する差別についても、詳しく書かれている。

それだけでなく、わかりやすく、なぜ差別が生まれてくるのかについても、わかりやすく書かれている。

しかしなにより素晴らしいのは、この本が伝えようとしていることだ。それは「知ること」の大切さだ。次のところを読んでみてほしい。

「戦争は愚かだと誰もが知っている。でも戦争はなくならない。本当の悲惨さを、家族が殺されるつらさを、自分が誰かを殺さねばならない瞬間を、人はいつのまにか忘れてしまうからだ。忘れているのに知っているつもりになる。だから間違う……」

これは過去と現在と未来についての本だ。考え方についての本だ。そして、生き方についての本だ。ぜひ読んでみてほしい。

明日から、世界を見るきみの目が変わるかもしれない。

（金原瑞人）

BEST SELECTION

純粋な事実というものは存在しない

書名――『学校では教えてくれない本当のアメリカの歴史　上下』

著者――ハワード・ジン　訳者――鳥見真生

本の紹介

国際政治学者のハワード・ジンが、アメリカ五〇〇年の歴史を、抵抗者(黒人、女性、インディアン、若者、労働者)の立場から読み直した歴史書。それをティーンエイジャー向けに編集している。

あすなろ書房　2009年8月（1500円+税）

※書影は上巻

【著者紹介】

一九二二年―二〇一〇年。ボストン大学名誉教授。政治学者、歴史家、社会評論家。邦訳書に『民衆のアメリカ史』『テロリズムと戦争』など。

本からのMESSAGE

なぜ、大人なら急進的で批判的な見解を耳にしてもよいが、一九歳以下のティーンエイジャーには不適当だと思うのだろう？（中略）若い人たちのことを決めつけるのはまちがっていると思う。

アメリカ大陸を発見したコロンブス、奴隷解放の父と呼ばれるエイブラハム・リンカーン、ノーベル平和賞を受賞したセオドア・ローズベルト。アメリカ史を飾る偉人たちの名は、本国ではもちろん、日本でもよく知られている。しかし、そんな英雄たちの偉業に、別の角度から光を当て、疑問を突きつけたのが本書だ。

基となっているのは、国際政治学者ハワード・ジンが一九八〇年に出版した『民衆のアメリカ史』。出版当初から注目を集め、教科書として使う高校や大学が続出、一〇〇万部突破を記念した朗読会には『スローターハウス5』などの著作で知られる小説家ヴォネガットや『カラーパープル』の著者アリス・ウォーカーも参加した。これを、さらに二〇〇六年（ジョージ・ブッシュ政権の二期目）まで「アップデート」し、若い世代を含めた幅広い読者に読めるよう編集し直している。

本書がこれほどまでに大きな反響を呼んだのは、著者ジンが、アメリカの歴史を有色人種、女性、労働者、貧困層といった弱者の立場から読み直しているからだ。

コロンブスのアメリカ発見を「インディアン」の虐殺と、白人による領土拡大の始まりと位置づけ、リンカーンの関心が奴隷解放よりも南部諸州の合衆国への再編入にあったことを示唆する。こうしたジンの歴史観は、今では幅広い層に受け入れられている。

本書の刊行後、アメリカではオバマが初の有色人種の大統領となり、その後を「偉大なアメリカ」を取りもどすと主張するトランプ大統領が引き継いだ。ジンが生きていたら、どう評価しただろう。よくも悪くもアメリカの多大な影響を受けてきた日本人にとっても、アメリカという国を、今一度、冷静に眺めることはとても重要だ。

「純粋な事実というものは存在しない」とジンは書いている。「学校の教師や作家が世界にさし出すあらゆる事実の陰には、判断がある」と。大量の情報があふれる現代、提示された事実の陰にある「判断」まで見通せる力を培うことが、なによりも求められている。

（三辺律子）

BEST SELECTION

まだ見ぬ景色を見てみたい。情熱に突き動かされて

書名——『ソングライン』
著者——ブルース・チャトウィン　訳者——北田絵里子

本の紹介
オーストラリア全土に迷路のように延びる目に見えない道筋。ヨーロッパ人には、「ソングライン」として知られている。昔、アボリジニはその道中に出会ったすべてのものの名前を歌いながら、世界を創りあげていった。旅人チャトウィンが綴る紀行文学の傑作。

英治出版　2009年2月（2800円＋税）

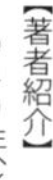

【著者紹介】
1940年、イギリス生まれ。大学卒業後、美術品オークション会場のサザビーズ、「サンデー・タイムズ」紙の特派員を経て、『パタゴニア』を上梓。英国ホーソーンデン賞、E・M・フォースター賞に輝いた。

本からの MESSAGE

その地で、最初の人類は、周りの恐ろしいものにひるむことなく口を開き、〝世界の歌〟の初めの詩句を叫ぶのだ。「私は（アイ・アム）！」

世界を見てまわりたい。ある日訪れたその衝動は、チャトウィンの人生を変えた。将来を嘱望されていた仕事を辞め、「なぜそんなところに」と驚かれるような場所にためらいなく向かう。そして『パタゴニア』『どうして僕はこんなところに』など、独自の優れた紀行文を残している。本書は、オーストラリアの神話を辿る旅である。

オーストラリアに昔から住むアボリジニたちは、広大な全土に延びる、目には見えない道筋を、歌で辿ることができる。それを「ソングライン」と呼ぶ。オーストラリア自体が壮大なメロディを奏でる楽譜であり、天地創造の神話であり、さらに、先祖たちがこの地を旅しながら、どのような詩と旋律の道を残したか、を辿る記憶でもある。

チャトウィンはアボリジニと親しく、彼らの聖地を地図にしているロシア人とともに、オーストラリアを歩き、ソングラインのことを調べ、人々に聞いてまわる。喜んで話してくれる人もいれば、あからさまに迷惑そうにする人もいるが、チャトウィンは、まっすぐに質問をぶつけて、相手の話に耳を傾ける。

やがて、古くから部族間の交流ルートとして、交易路として活用されてきた命の道の姿が浮かび上がってくるのだが、その過程はスリリングだ。白人の価値観とはまったく違う、アボリジニたちの世界の捉え方。所有すること、取引すること、そして生きること……。見えないものを見ようとし、人生の中心にしっかり据えている文化と、土地とともに脈々と息づく命が、渇いた空気とともに読み手に伝わってくる。

日本でもすっかりメジャーになったが、モレスキンという黒い表紙の手帳がある。手にすっぽり収まるその手帳を、チャトウィンは、常に持って旅に出たそうだ。本書にも断章や引用が引かれている。その連なりを読んでいると、旅人の頭の中に潜り込んだような、不思議な気持ちになる。

「人はなぜ放浪するのか」と、チャトウィンは最初に旅に出たときから、ずっと考えつづけている。その答えを探し、さまざまな国を訪れ、そして膨大な書物をひもといた。彼が全人生をかけて、「放浪こそが、人の本質なのではないか」と伝えようとしていたのではないか、と思える。（光森優子）

BEST SELECTION

各国の不思議な習慣とそのルーツとは？

書名——『常識の世界地図』

著者——21世紀研究会編

本の紹介
ある国にとっての常識は別の国では非常識だったりする。挨拶や身振り、食など、各国の習慣はなぜ違うのか、その文化や歴史背景をわかりやすく教えてくれる。

文春新書　2001年9月（780円＋税）

【著者紹介】
『人名の世界地図』『民族の世界地図』『色彩の世界地図』など。

本からの
MESSAGE

しかし、もし、東は東、西は西、で終わらないことを信じるのならば、私たちはおたがいの文化、常識について知ろうとし、そのルーツを理解することが大事だと思う。

かつてアステカ帝国（14世紀のメキシコ盆地に築かれた）を侵略し、滅亡させたスペイン人たちは、アステカの人々が敵の捕虜の心臓をえぐりだして神に捧げるのをみて、なんと野蛮で残酷な連中だと思った。が、いっぽう当時のヨーロッパでは神の名の下に、多くの罪もない「魔女」が火あぶりになっていた。

またヨーロッパの人々は中国の纏足（女の子の足の指を、親指以外すべて折り曲げてしばり、足を小さくした）を、なんとも野蛮で残酷な女性蔑視の風習として非難した。が、いっぽう当時のヨーロッパの上流社会では骨が曲がるほどきついコルセットが流行、オレンジ一個くらいの細いウエストの女性がもてはやされていた。

価値観や美意識は、その社会や地域や時代によって驚くほど異なっていて、それは昔も今もかわらない。「常識」も同じ……という立場から編集されたこの本、いろんな意味でおもしろい。

たとえば、挨拶や身振りの違いや作法の違いについての章なども意外な発見に満ちているが、なかでも「食をめぐるタブー」と「宗教に生きる人たち」が強烈だ。やはり生や死に直結するからだろう。

牛肉と牛乳は同じ冷蔵庫に入れず、またハンバーガーは食べるがチーズバーガーは食べないユダヤ教徒。豚を食べないだけでなく、豚革製品さえ身につけないイスラーム教徒（「イスラームの自爆テロに苦しむイスラエルでは、自爆したテロリストたちを汚れた豚と一緒に埋めてしまえという運動が、２００１年夏頃から起こりはじめたという。そうすれば、イスラーム教徒であるテロリストは天国に行けなくなるだろうし、テロの抑制にもなる……」）。

この新書、興味本位の雑学本という感じなのだが、なんのなんの、とても大切なことを教えてくれている。とくに若い人に読んでほしい。

（金原瑞人）

BEST SELECTION

フツーの美人に生まれなくて良かった!?

書名――『不美人論』
著者――陶智子

本の紹介
古今東西の文献から容姿に関する様々なデータを収集して、独自の美人観を展開している。美人の基準は時代の流行、文化によっても変わってくる。自分の「美人観」を見直したい人にオススメ。

平凡社新書　2002年5月（720円+税）

【著者紹介】

金沢学院大学教授。専門は近世女性礼法、化粧文化史。『加賀百万石の味文化』『江戸の化粧』『江戸美人の化粧術』『日本人の作法』などがある。

本からの MESSAGE

私だけがもっている私だけの顔、この世の中にたったひとつだけの顔にこだわることこそ不美人への道である。

みんな個性的な不美人になろうね。

アメリカ人やイギリス人（の男）と話していると、よく「日本の女の子って、とてもキュートだよな」といわれる。意外に思われるかもしれないが、フランス人もイタリア人もそういう感想を口にする男が多い。高校生や大学生の女の子は総じて（そうお金はかかっていないけれども）着る物には気をつかっているし、身なりにも気を配っている。そんな国はあまりない。ある意味、日本人はいろんなことに対して敏感なんだと思う。

日本の若者はみんな同じようなおしゃれをする、個性がない、とかよくいわれるけど、いっているのは大方が日本人だ。外国の人の多くは、かわいいと思っている。そのへん、日本の若者はもっと自信を持とう。

しかしその結果が、化粧品業界やアパレル業界やエステ業界の思うがまま……という現状はつまらないし、ばかばかしいし、早く脱出したい（といったところで、アメリカもヨーロッパもみんな広告・宣伝に振りまわされているのは、まったく同じなんだけど）。

というわけで、この『不美人論』はいろんなことを考えなおすには格好の一冊だと思う。古今東西の「美人、不美人」に関する様々なデーターを駆使して、「美人・不美人」がいかに一筋縄ではいかないかを証明してくれる。

美人の要素、不美人の要素を、驚くほど多くの本から引用し、性格・心根から骨相・顔面筋肉、左右対称・不対称、目元・口元……と、種種多様な角度から検討していくところはとても楽しいし、爽快。果てには、富岡多恵子や上田秋成の「女はきたない」「女は醜い」、だから化粧をするのだという意見まで出てくる。

そして結論は「現代の画一化傾向にあるお気軽な美人になるよりも、個性的でインパクトのある不美人になってしまおうではないか」「安直な美人になってしまわないことが一番大切なことなのだ」。賛同するにしろ反発するにせよ、一度は読んでおきたい一冊。

（金原瑞人）

BEST SELECTION

なぜ空気は積もらないの？

書名――『科学・考えもしなかった41の素朴な疑問』
編著者――松森靖夫

本の紹介
ユニークな疑問がおもしろいうえに、ちゃんと科学的にわかりやすく答えてくれているところが素晴らしい。「なぜ夏なのにひょうが降るの？」「おたくふくかぜと水ぼうそうにはなぜ同時にかからないの？」

講談社（ブルーバックス）
2008年9月（940円＋税）

【編著者紹介】

一九五六年生まれ。横浜国立大学大学院教育学研究科修士課程修了。現在、山梨大学大学院教育学研究科教授。専門は理科教育学。

その他、三名。

本からのMESSAGE

「理科の時間に光の速さは秒速30万㎞だって教わったけど、最初からそんなにすごいスピードで進むのかな？」

「乗り物は少しずつスピードを上げていってトップスピードになるんだもんね。光だって……」

書店に行くと、小説の棚や詩歌の棚やノンフィクションの棚など、いろんなところを見て回るのだが、必ず寄るのが講談社のブルーバックスのコーナー。高校生の頃まで理系だったこともあって、この手の入門書が好きなのだ。

この本は出版されてすぐに買って、夢中になって読んだのをよく覚えている。それ以降、何度か繰り返し読んでいる。なぜなら、答えを忘れてしまうからだ。そして答えを読んで納得する。

タイトルには「考えもしなかった」とあるけど、ここで取りあげられているもののなかには、これまで何度も首をかしげた疑問もある。ずっと不思議に思っていて、ずばりと解けた疑問は「なぜ鏡に映った像は左右は逆なのに上下は正しく映るの？」これは幻想小説やミステリでたまに出てくるテーマで、かなりトリッキーなのだ。気になった人は、ぜひ読んでみてほしい。

一方、たしかに「考えもしなかった」疑問もある。たとえば、「なぜ波は海岸に平行にしか来ないのか？」「なぜ牛乳だけ紙パックに入っているの？」（つまり、ペットボトルに入っていないのか？）などなど。

ほとんどの疑問に、簡潔でわかりやすい説明がそえられている。たとえば、「冬の朝はなぜ床は冷たいのにスリッパは冷たくないの？」という疑問に対しては、熱の電導率を使ってその理由が解説されている。これを知っていれば、同じ温度の鉄の棒と銅の棒をつかんだ場合、どちらのほうを冷たく、あるいは熱く感じるかもわかる。

質問によっては、ちょっと専門的な解説もあって、それがまた楽しい。たとえば、乾電池は使っても「マイナス極から電池の外に流出した電子と同じ数の電子がプラス極へ戻ってくるので」質量が変化することはないという説明のあと、しかしアインシュタインの「エネルギーと質量が等価である」という理論によれば、１・５Ｖの乾電池で10Ωの豆電球を1時間点灯させた場合、１０００億分の１ｇ、質量が減るとか。

文系のための科学入門書として中高大学生に、とてもお勧め。しかし大人のネタ本としても推薦したい。「なぜタコ墨のスパゲティはないの？」なんて疑問にも答えてくれている。　（金原瑞人）

BEST SELECTION

人間の頭の中にしかない「地球のかたち」

書名——『地球のかたちを哲学する』

著者——ギヨーム・デュプラ　訳者——博多かおる

本の紹介

古代から現代にいたるまで、人間は、大地・地球をいろんなふうに想像してきた。科学や技術が発達して、ようやくわれわれは現在の地球儀のような地球の姿にいたったのだが……。

西村書店　2010年6月（2800円＋税）

【著者紹介】

宇宙のかたちを探求する研究者。八年にわたって、神話、人類学、科学、宗教、芸術など、さまざまな分野にひそむ宇宙のイメージを調べてきた。

本からの MESSAGE

ンガジュ族は、大地のうら側には精霊や幽霊が住んでいると考えるよ。

この世界では、すべてがさかさまらしい。

人は頭を下にして歩き、

死者は生きていて、夜は昼なのだ。

この本は、いろんな文化、いろんな時代、いろんな人々の想像した地球の形を、仕掛け絵本の形で紹介している。

ページをめくるたびに驚きが待っている。とにかくおもしろいのだ。

まず、大地は何かの上に乗っかっていると考えた人たちがいた。たとえば、とぐろを巻いたヘビの上。あるいは、魚の上の卵の上の水牛の上。さらに、ヘビの上の亀の上の四頭のゾウの上。どれも不安定で、あぶなっかしい。けど、楽しそうだ。まさにファンタジーの世界。

大地の形もいろいろだ。たとえば、三角形、四角形、八角形、その他。多くは海に囲まれている。なかでも円形や楕円形の大地は人気があって、「ギリシャ・ペルシャ・バビロニアの神話や、アメリカ・アフリカ・アジアの様々な伝統文化に」見られるそうだ。かなりファンタスティックだ。

それから球形の大地。といっても梨形のものもあれば、でこぼこのボールみたいのもあった。地球儀のような形を考えた人でも、地球の中はからっぽで南極と北極に穴が空いていると考えた人もいたし、「人は地球の外側に暮らしているわけではなくて、内側の面にいるのだ（太陽も、惑星も、恒星も地球の核のまん中にある星のエネルギーがつくりだす幻）」と考えた人もいた。科学とファンタジーの合体といってもいい。それにしてもすごい想像力だ。

そして、当然、この本の最後には「現在の地球」が登場する。やっぱり、これだよな、地球は！という地球だ。これ以外の地球なんて考えられない。科学の発達は素晴らしい！　そう叫びたくなる。

しかし待ってほしい。今から百年、二百年後の人々がこの「現在の地球」を見たら、「二十一世紀の連中は、地球をこんなふうに想像してたんだ！」といって、大笑いするかもしれない。

そう、地球の形は文化とともに、時代とともに変わってきた。これからもどんどん変わっていくはずだ。

そもそも、地球の形なんて、人間の頭の中にしかないんじゃないか。この本を読むと、そんな気がしてくる。

（金原瑞人）

BEST SELECTION

えっ、こんな字、あり？

書名——『一日一書』
著者——石川九楊

本の紹介
書、書道は古い、つまらない、という思いこみをくつがえす画期的な紹介・解説書。取り上げられている字をながめるだけで楽しい。学校の習字の時間って、なんだったんだろうと思ってしまう。

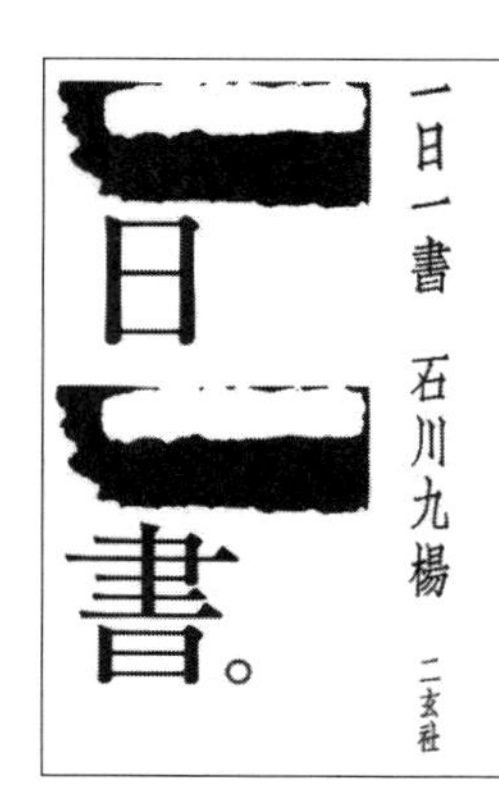

二玄社 2002年5月（1800円+税）

【著者紹介】
書家。京都精華大学教授。著書に『書の宇宙』『誰も文字など書いてはいない』『書と文字は面白い』『近代書史』で大佛次郎賞受賞。など。

本からの
MESSAGE

草書体の「管」か「菊」とも読めそうな字は〈夢〉。強勢と弱勢を交え、力でぐいぐいと回転するスピード感が何とも痛快。最終の点の急ブレーキの姿も秀逸。さながら「夢」渦巻くの感。

一ページにひとつずつ並んだ、三百六十五の文字のユニークさと面白さにびっくり。そもそも、半分くらいは読めない。といっても、難しい字はない。どれも知っている漢字ばかりなのだ。なのに読めない。読めないのに、かっこいい。

　たとえば、細長い猫の足跡が七つ斜めに並んだような文字がある。これが「流」。平仮名の「り」にしか見えない「行」。輪切りのレンコンのような「玉」。平仮名の「は」を崩したような「詩」。「桃」という字の〈兆〉が〈木〉の下にきているかと思えば、「相」の「目」は横に寝ている。

　子どもの落書きか、それとも前衛絵画か。いや、どちらでもない。すべて、中国や日本の政治家、書家、文人、その他有名人のれっきとした書なのだ。王羲之（おうぎし）、欧陽通（おうようとう）、顔真卿（がんしんけい）、蘇軾（そしょく）、また橘逸勢（たちばなのはやなり）、空海、小野道風（おののとうふう）、藤原佐理（ふじわらのすけまさ）、良寛（りょうかん）、大久保利通、犬養毅（いぬかいつよし）など、中国史、日本史でおなじみの人たちが書いたものばかりだ。

　本文中にも「『一日一書』は珍字集ではなく、王道の書の紹介」と書かれている……けど、そのすぐあとに「驚くのはまだこれから」とある。

　もちろん、一見して、「うまい」「かっこいい」「上手」「あっぱれ」「クール!」といいたくなる字もあって、両方あわせてながめると、書って斬新なデザインのエッセンスでできているんじゃないか、そんな気がしてくる。

　それに、解説が楽しい。たとえば、タマネギの縦の断面図の下に「く」と「、」を書き添えたような字に添えられている解説。

「じっと見ていると目が回り、水木しげるの妖怪漫画に登場するような文字は副島種臣（そえじまたねおみ）の〈雲〉。まるで涌き立つ雲の姿のようだ。」

　それからこんなのもある。

「最澄発・空海宛の手紙・久隔帖（きゅうかくじょう）（八一三年）の〈梨〉。展開に無理がなく麗（うるわ）しい。とりわけ、「クキッ」とか「パキン」という音の聞こえるような三角形の幅広い最終画の筆触（ひっしょく）が魅力的。」

　もちろん書の専門的な解説もあるけど、そのへんはすっ飛ばして、まずはこの楽しい小宇宙に遊んでみよう。興味がわけば、あらためて書道とか始めてもいいし。

（金原瑞人）

BEST SELECTION

この本をこう読むか!?

書名――『大人のための児童文学講座』

著者――ひこ・田中

本の紹介

比較的よく知られている十四カ国の四十七の児童書を紹介しながら、独自の視点から鋭く読み解く。説得力のある、いかにも現代的な読みが楽しい。まさに今の時代でしか書かれなかった、この人でなければ書けなかった一冊。

徳間書店　2005年4月（1500円+税）

【著者紹介】

作家、児童文学研究家。著書に『お引越し』『ごめん』『カレンダー』『なりたて中学生』など、評論集に『ふしぎなふしぎな子どもの物語 なぜ成長を描かなくなったのか?』など。

本からの MESSAGE

つまりセドリックとは、美しさも汚さも両方存在する本当の世界を知ることを求められてはいないし、知ってはいけない存在なのですね。これほど不幸な子どもはいないでしょう。

子どもの本を卒業して、大人の本へ……そんな流れが昔はあったし、今でもまだ残っているのかもしれない。しかし、アメリカやイギリスでは児童書を楽しむ大人は多い。そもそも児童書ならではの大きな魅力がある。

たとえば、二〇〇三年にBBC（英国放送協会）が行った、「洋の東西を問わず、いちばん好きな本は？」という大規模な読書アンケートの結果をみると、一位『指輪物語』。三位『ライラの冒険』、五位『ハリー・ポッターと炎のゴブレット』、七位『クマのプーさん』、九位『ライオンと魔女』。児童書、大健闘なのだ。もちろんアンケートの対象は大人。

読みやすいうえに、読むたびに発見があって、読むたびに新たな感動がある本といえば、こういった児童書の名作なのかもしれない。

それをとてもわかりやすく教えてくれるのがこの本だ。

自分が仕組んだ罠にかかって、マッチョをやめる話（『あしながおじさん』）。「子どもは神からの授かりもの」という時代の終わりを告げたファンタジー（『風にのってきたメアリー・ポピンズ』）。子どもを「子ども扱い」するだけでおさまっていた時代の終わりを告げた恐ろしいほどリアルな小説（『夜の鳥』）。「子ども時代」が独自の価値のある時代だということを印象深く描いた物語（『くまのプーさん』）。

紹介されている四十七冊中のほとんどが翻訳ものだが、この最後をしめくくる一冊が、「これまで大人が抱いてきた子ども像から抜け出した子ども」を描いた、森絵都の『宇宙のみなしご』！

こんなふうにみていくと、昔に読んだ子どもっぽい本や、子どもの頃に読み落としてしまった本が、まったく新しい本として立ち上がってくる。

多くの本を読み捨てて、次へ次へ進んでいくのも爽快でいいけど、たまに振り返ってみるのもいいかもしれない。

そんなときなにより、おもしろくて頼りになるのがこの本だ。大人のために書かれた、子どもの本についての本を、若者が読む、これほどエキサイティングな経験はなかなかない。

（金原瑞人）

BEST SELECTION

詩は時代を超えて

書名――『日本の名詩、英語でおどる』

著者――アーサー・ビナード

本の紹介

与謝野晶子、萩原朔太郎、中原中也……二十六人の詩人たちの作品は今も色あせることなく、生きることへの確かな手応えや温かみを伝えてくる。見開きで日本語と英語が並ぶ形で組まれており、両方を比べながら読める。

みすず書房　２００７年12月（２８００円＋税）

【著者紹介】

１９６７年、米国ミシガン州生まれ。ニューヨーク州のコルゲート大学で英米文学を学び、卒業後来日し、日本語での詩作を始める。２００１年に詩集『釣り上げては』（思潮社）で中原中也賞、２００５年にエッセイ集『日本語ぽこりぽこり』（小学館）で講談社エッセイ集を受賞。『くうきのかお』『はらのなかのはらっぱで』など絵本の仕事も多い。

本からの MESSAGE

英訳は詩を外国へ旅立たせる交通手段になると同時に、日本の読者のためのもうひとつの入り口にもなる。もし過去が一種の外国なら、外国語を通して日本の名詩に分け入ることは、ちっとも不自然ではない。

萩原朔太郎の「旅上」という詩は、「ふらんすへ行きたしと思へども／ふらんすはあまりに遠し」というフレーズから始まります。「フランス」や「仏蘭西」だったら、詩の雰囲気は少し変わります。「ふらんす」は実際の国ではなく、どこか遠い空想の国だったのかもしれません。でも、これを英語にするなら〝France〟と表記するほかないのです。英語って意外に不便だなあ、と思いませんか？

童謡でなじみ深いまど・みちおの「やぎさんゆうびん」も登場します。著者はこの童謡に、待っても待っても来ない人を待ち続ける有名な劇『ゴドーを待ちながら』（サミュエル・ベケット作）を重ねてみせるのです。

与謝野晶子の「君死にたまふことなかれ」は、日露戦争に出征した弟に向けた形で書かれた反戦の詩です。文語の日本語よりも、もしかすると〝I cry for you, Brother, don't you dare lay down your life〟の方が胸に迫ってくると感じる人もいるかもしれません。竹内浩三の「ぼくもいくさに征くのだけれど」は、全体にとてもやわらかな作品ですが、第二次世界大戦中の厳しい言論統制の中で書かれました。「ぼくがいくさに征ったなら／一体ぼくはなにするだろう　てがらたてるかな」――もし彼が英訳された自分の詩を読んだら、とても喜んだでしょうが、二十三歳の彼は戦場から帰ることができませんでした。

このほか、一人息子を戦争で失った悲しみを詠んだ柳原白蓮の短歌や、戦争中に動物園で毒殺された動物たちを悼んだ岩田宏の「動物の受難」も、英訳されて収められています。

戦争だけがこの本のテーマではありませんが、自分の、また大切な存在の生死にかかわる状況に立たされたとき、人が紡ぎだす言葉はとても力のこもったものになることがひしひしと伝わってきます。著者のビナードさんは、いくつもの戦争を強く意識し、現代を生きるうえで大事なメッセージとしてこの本を編んだのです。世界は絶え間なく変化し続け、未来に不安を抱いてしまいます。しかし言葉は何よりの支えであり、身を守る盾となります。日本語と英語を比べながら詩を読んでいくうちに、きっと時代を超えて訴えかけてくるメッセージが聞こえるはずです。（松村由利子）

BEST SELECTION

前衛短歌の旗手も一人の若者だった

書名――『塚本邦雄の青春』
著者――楠見朋彦

本の紹介
前衛短歌の旗手として生涯にわたり現代短歌の革新を第一線で担ってきた塚本邦雄。これまで論じられることの少なかった青年時代に光を充て、その苦悩と試行錯誤を浮き彫りにする。激動の時代に生きた一人の青年が言葉に込めた心が見える。

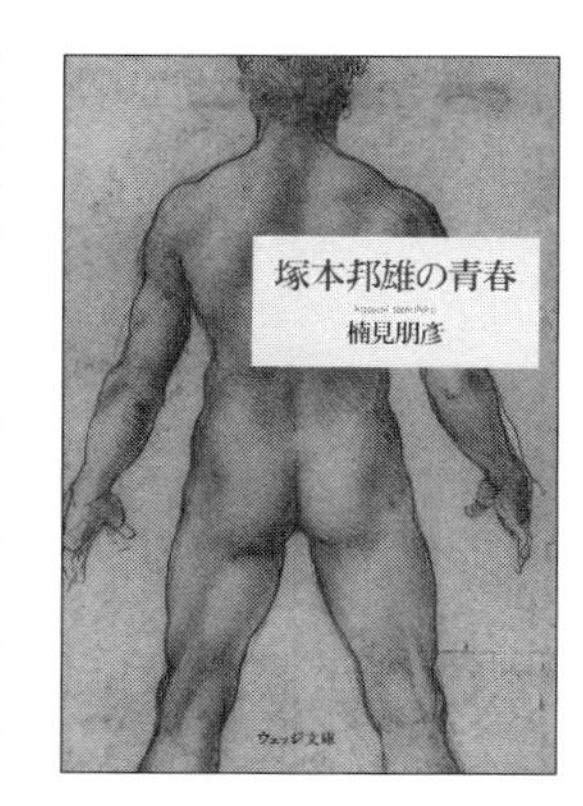

ウェッジ文庫　2009年2月（800円＋税）

【著者紹介】
1972年大阪生まれ。作家。1994年より塚本邦雄に師事。韻文定型詩の要諦を学ぶ。1999年『零歳の詩人』（集英社）ですばる文学賞受賞。平成12年度大阪市咲くやこの花賞受賞。

本からの
MESSAGE

邦雄は、詩集に関しても、大正から昭和初年頃の新しい詩、実験的なものをみつけては即刻もとめ、その自由闊達な詩想を、遅ればせながら享受していた。とりわけ『死刑宣告』（一九二五・大正十四）は、内容もレイアウトも驚異の書であった。

塚本邦雄は、寺山修司、岡井隆らとともに、前衛短歌の旗手と呼ばれ、前衛短歌運動の中心的な存在として戦後の短歌革新を推し進めた。その華麗な言語世界は、歌人の間だけに留まらず、愛好者は幅広い。その塚本が第一歌集『水葬物語』を出版する前後のエピソードを中心に、所属していた歌誌や、本人の述懐等、新資料も交えつつ、その青春時代の日々を推し量っている。

生後四箇月もたたぬうちに父と別れ、二十四歳の年に、最愛の母を喪った。歌集刊行の日付を三十一歳の誕生日に合わせたのは、あたらしい自分の出発点としようという意気込みと、歌人として立つ決意がこめられていただろう。

ここに書かれている「歌集」が、『水葬物語』である。青春時代を戦争に巻き込まれ、戦中に最愛の母を失った塚本が、戦後あたらしく生まれ変わろうとする日本で、自分自身も又「あたらしい自分」になろうとした、という指摘は鋭い。あたらしい時代の、あたらしい自分の、あたらしい短歌を世に問うために封印された、『水葬物語』以前の短歌作品を丁寧にひも解くことによって、その素顔があきらかになっていく。家族を想い、戦時中の切迫した情況を記し、やがて伴侶となる人への思慕をほのめかす。当たり前のことだが、その作品世界は、最初から完成されていたわけではない。時代に翻弄され、又、その中で渇望するように求めた様々な文化に刺激を受け、その結果彼の身体を通じて短歌という詩の形に結実した作品が生み出されたのである。

軍事工場に従事していた呉で、文学好きの学徒仲間から短歌をすすめられたことから、呉という都市を「文学の故郷」と呼んだという。「呉から、広島の原爆の雲もまざまざと見た記憶をもっています」とも語っている。生涯を通じて戦争への憎悪を表現したことと結びつく。

そして戦後。音楽喫茶で西洋のクラシックをむさぼり聴き、フランスの香り漂う酒場でモダンな文化やその創作者に出会う。その後、安西冬衛や西脇順三郎らのモダニズム詩と出会い、直接強い影響を受けたことにより「塚本邦雄」がいよいよ誕生するのである。一人の詩人の青春の模索は、詩そのものの模索でもあるのだ。

（東直子）

BEST SELECTION

世界の音程に合わせられない

書名――『世界音痴』

著者――穂村弘

本の紹介

現代短歌を代表する歌人、穂村弘のエッセイ集。世界音痴とは、「(自然に)世界の中には入れない」こと。本書以降、エッセイストとしても、ひっぱりだこに。

小学館文庫　2009年10月　(457円+税)

【著者紹介】

一九六二年、北海道生まれ。歌集『シンジケート』でデビュー。エッセイ、翻訳など幅広く活躍。紹介に代えて一首。子供よりシンジケートをつくろうよ「壁に向かって手をあげなさい」

本からの MESSAGE

なんか女医さんってどきどきするよね。この人と付き合ったらどうだろう、ああなってこうなって、と考えてしまう。プライベートで眼底を覗かれて「きれいよ」って言われたら興奮するだろうな。

正しい音程で歌えないのが音痴、そして、世界に対し正しい(と思われる)反応や受け答えができないのが「世界音痴」。このエッセイ集では、これでもかというように、作者の世界音痴ぶりが披露されている。

人気の秘密を探ると、あとがきにヒントが見つかる。「感情から行動のディテールに至る記述には正直を心掛けた」。そう、このエッセイ集は、赤裸々とも開けっぴろげともちがう。ひたすら「正直」なのだ。

「私の伊達眼鏡には、もうひとつ大きな理由があって、それは女性に好かれるため、というものである(中略)眼鏡が女の征服欲と性欲と破壊衝動に訴えると信じている。具体例を挙げてみよう」

このあとに続く具体例、というか妄想はかなりしょうもない(ごめんなさい)。

「自分が過去につきあった女性の名前を、インターネットで順番に検索してみた」ここを読んだとき、すごく引いた(すみません)。この本の出た二〇〇二年当時、これってまだかなりタブーだった気がする。

「小さな医院のまえに立っているクイが好きだ(中略)あのクイをみると、気持ちが落ち着く。夜、寝る前にみたくなる。ぼくはあのクイが好きだ、といったら、恋人はどう思うだろう」変わってるなあと思いながら、読み進める。「だが、ぼくには恋人はいない」え? 「ぼくの恋人はどこにいるんだろう。早く会いに来て下さい」ここを読んで、会いに行くんじゃなくて、会いに来てほしいんだなあ、と思ったっけ。

でも、十五年後の今は、眼鏡男子はモテモテだし、昔付き合った人のことをネットで調べるなんて、ふつうだし、男の人のほうから会いに行かなきゃいけないなんて、古い。作者は世界音痴じゃなくて、世界に正直だっただけなのだ!

最後に、周囲で一番「共感した」との声が多い一文を。「(飲み会で)座が盛り上がってくると、みんなは『自然に』席を移動しはじめる。自分のグラスを手に、トイレに立った人の席に『自然に』すわっている(中略)私には最初に座った席を動くことが、どうしてもできない」　なんだ、わたしだけじゃなかったんだ。

(三辺律子)

6章

ことばの力に感化される本

こころの深いところがジンとする

BEST SELECTION

言葉の力が、心を開いていく

書名――『空が青いから白をえらんだのです　奈良少年刑務所詩集』

著者――受刑者：詩　寮美千子：編

本の紹介
寮美千子は二〇〇七年より奈良少年刑務所の「社会性涵養プログラム」講師を引き受けます。この本は、その授業の中から生まれた詩をまとめています。

新潮文庫　2011年5月（520円+税）

【編著者紹介】

1955年、東京生まれ。中央大学中退。外務省勤務、コピーライターを経て、1985年に毎日童話新人賞を受賞。2005年、小説『楽園の鳥　カルカッタ幻想曲』にて泉鏡花文学賞受賞。2006年より奈良に在住。

本からの MESSAGE

「講師をしてもらえませんか」というお話をいただいたとき、正直言って、躊躇（ちゅうちょ）した。受刑者と聞いて、即座に「凶悪」「乱暴」というイメージが浮かんだ。一体、どんな罪を犯して刑務所に入ってきたのだろう。授業なんて、成立するのだろうか。

この詩集ができるきっかけは寮美千子が、奈良に移り住んだ後、築百年になるというその煉瓦造りの奈良少年刑務所の建物に惹かれて矯正展に訪れたことにあります。そこに展示されていた詩や絵が寮の心をとらえるのです。その感想を近くにいた刑務所の人に話したところ、教育専門官であったその方は、刑務所での教育についても話してくれ、その一年後に寮に講師の依頼が来ます。「空が青いから白をえらんだのです」。この詩集のタイトルにもなった、たった一行の詩です。これを書いたAくんは、こう言います。

「今年でおかあさんの七回忌です、おかあさんは病院で『つらいことがあったら、空を見て。そこにわたしがいるから』とぼくにいってくれました。それが、最期の言葉でした。おとうさんは、体の弱いおかあさんをいつも殴っていた。ぼく、小さかったから、何もできなくて……」

空の青さと、母親の白さ。ここには、Aくんの様々な思いが静かに溢れています。

何も書くことがなかったBくんは、好きな色を書いてくださいという寮の課題に、

「ぼくのすきな色は青色です。つぎにすきな色赤色です」と書きます。

これで精一杯であり、寮もどう声を掛けたらいいのかとまどっていると、教室の仲間が言います。「ぼくは、Bくんの好きな色を、一つだけじゃなくて二つ聞けてよかったです」

詩が相手に届き、相手が詩を書いた人間に近づく瞬間です。

それを寮はこう語っています。「詩をめぐって、お互いが心を開きあう驚くべき光景が出現する。詩を書き、それをみんなの前で朗読する。拍手を受ける。ただそれだけのことなのに」。

おそらくこの、「ただそれだけのこと」がとても大事なのです。私たちはついつい、もう一歩を求めてしまいます。でもそれでは、せっかくある彼らの伸びしろや可能性を狭められてしまう。

「教官も講師も、ただ彼らが心から安心できる場所、くつろげる時間を作ろうと努力しただけ」。簡単なようで結構難しい、場の作り方ですが、多くの教育現場で試みて欲しいことです。

（ひこ・田中）

BEST SELECTION

文章も絵も作りも詩的で素敵で哲学的

書名――『ブローチ』
著者――内田也哉子：文　渡邉良重：絵
本の紹介
「むかし　むかし　忘れものに　気付いたのは　ずっと昔世界中を　歩き回ってるうちに……」と始まる。これは忘れものの話……のようなのだけれど、ただの忘れものの話ではなさそうだ。

本からのMESSAGE

沈黙とも勝負する
溜(た)め息をしすぎたら
深呼吸になった
それから
青い空を
青く憶(おも)った

リトルモア　2004年12月　(1714円+税)

【著者紹介】
(内田也哉子) 歌手、女優、エッセイスト。エッセイに『会見記』、翻訳絵本に『たいせつなこと』(文・マーガレット・ワイズ・ブラウン、絵・レナード・ワイスガード) など。

(渡邉良重) ファッションデザイン、プロダクトデザインなどを手がける一方、『アンドゥ』『ジャーニー』などの本のイラストやデザインも手がけている。

絵本を薄紙で作ってみようなんて思う人がいるから、世界は素敵だ。

おいおい、そんなことをしたら、下のページの絵や色や文字が透けて見えちゃうじゃないかって？　そう、透けて見えることを計算して、作られているのだ、この絵本は。

紙がとても薄いから次のページも、その次のページも透けて見える。だからいろんな色や形が重なってひとつの絵になったり、一枚めくると、めくったページの絵がはがれて、また新しい絵になったりする。

たとえば、波の絵がある。その下に人魚が横向きに泳いでる絵がぼんやり見える。そしてそのまた下に人魚が仰向けに泳いでいる絵がうっすら見えて、さらにその下にかすかに波の絵が見える。

そして一枚めくると、水色の波が消えて、それまでぼんやり見えていた人魚があざやかに浮かびあがって、その右下にうっすら見えていた人魚が少しはっきりしてくるんだけど、そのまた後ろには大きな海が広がっていて……といった調子で、次へ次へと続いていく。

ときどき、絵と絵が邪魔し合っているようなところもあって（熊さんが赤い下着を着たように見えるところとか）、おやっと思うこともあるけど、めくってみると、これも楽しい仕掛けになっているのがわかったりする。

だけど、この絵本、絵と仕掛けが素晴らしいだけじゃなくて、文章がまた素晴らしい。これは忘れ物さがしの詩で、「どこにでもあるようで／どこにもないもの／必死に探す」詩で、「小さな祈り」の詩なのだ。

探し物は見つかるんだろうか。いや、そもそも何を探してるんだっけ。もし気になったら、この絵本を開いてみてほしい。

最後の「足りないことを数えすぎて」「満ちているいまを　忘れてしまわないように」という言葉が、すんなり胸に落ちてくる。

これほど不思議で、楽しくて、美しくて、もどかしくて、切ない本はなかなかない。

そう、探し物を探す前に、まず、この絵本を見つけないと。


（金原瑞人）

BEST SELECTION

通学電車でも、家でも、教室でも

書名――『通勤電車でよむ詩集』
編著者――小池昌代

本の紹介
すっと心にしみこむけれど、ただ甘く切ないだけでなく、心に鋭く刻みこまれる、そんな詩が四十一篇。それぞれに添えられた解説もまた、やさしい発見に満ちている。

NHK出版　2009年9月（660円＋税）

【編著者紹介】
詩人、小説家、エッセイスト。詩集に『コルカタ』（萩原朔太郎賞）など、小説に『たまもの』（泉鏡花文学賞）など、エッセイ集に『おめでとう』など、その他『ときめき百人一首』など。

本からの
MESSAGE

詩を読むことは、読むというより、思い出す作業に似ていると思うことがあるが、それはわたしたちが、詩作品を通して、記憶の源、自己の源へと遡っていくからではないだろうか。

きのふ　いらつしつてください。

きのふの今ごろいらつしつてください。

そして昨日の顔にお逢ひください。

わたくしはいつも昨日の中にゐますから。

（「昨日いらつしつて下さい」　室生犀星）


たぶん、相手の女の子は怒ってるんだと思う。だって「来るんなら、昨日来てよ」っていうんだから。そしてこのあと、「昨日への道は知ってるはずだから、昨日の中でどうどうめぐりすればいい」とかいうし。しかし、その怒り方がかわいい。それに「きのふ」と「昨日」の使い分けも楽しい。

それから、口に血があふれて死にそうな人間をこんなふうに歌った詩もある。

あなたの方からみたらずゐぶんさんたんたるけしきでせうが
わたくしから見えるのは
やっぱりきれいな青ぞらと
すきとほった風ばかりです。
（「眼にて云ふ」　宮澤賢治）

こんなかっこいい言葉を残すなんて、やっぱり賢治ってすごい。

いや、日本だけじゃない。アメリカにも素敵な詩がたくさんある。

わたしは「死」のために止まれなかったので――
「死」がやさしく
わたしのために止まってくれた――
馬車に乗っているのはただわたしたち――
それと「不滅の生」だけだった。
（「わたしは『死』のために止まれなかったので」　エミリー・ディキンソン）

この本には昔の詩から現代の詩までが全部で四十一並んでいて、それぞれ短い解説がついている。この解説がまたかっこよくて素敵なのだ。そしてここに集まった詩と同じくらい個性的だ。

通勤電車の大人より、通学電車の若者のほうがずっといい読者になると思う！

（金原瑞人）

BEST SELECTION

現代の歌人、大集結！

書名――『現代の歌人１４０』

編著者――小高賢

本の紹介

現代の歌人１４０人の自選三十首（一部編著者選）とプロフィール、そして小高による解説が歌人ひとりひとりに付されている。一部の傾向に偏ることなく、戦後の作品をまんべんなく一望できる。現代短歌のアンソロジーの定番中の定番の一冊なのである。

新書館　２００９年11月（２０００円＋税）

【編著者紹介】

１９４４年、東京都生まれ。１９７２年、編集者として馬場あき子に会い、作歌開始。歌集『本所両国』（雁書館）で第５回若山牧水賞受賞。歌書に『耳の伝説』（〃）、評論に『この一身は務めたり』（トランスビュー）等著書多数。２０１４年、没。

本からの MESSAGE

近年、世代をこえて口語調の浸透はいちじるしい。さらに高齢社会の反映もあり、老いの歌が新しい世界を切り開いている。一方で、ケータイ短歌といったいままでと異なった表現スタイルもにぎやかだ。

一九九九年に同じく小高賢によって編まれた『現代短歌の鑑賞101』（新書館）に続くアンソロジー歌集である。「明治、大正生まれの小暮政次、斎藤史、近藤芳美から、一九七二（昭和四十七）年生まれの斉藤斎藤、一九七五（昭和五十）年生まれの永田紅まで、世代を超えた140人の計四二〇〇首は、現代の短歌がどのようなところに位置しているか、その作品が何を訴えているかをあざやかに示している」とはしがきに記している。

先に出た方に初期作品が掲載されているため、この本に収められた短歌は、すべて終戦後に出た歌集以降の作品ばかり。歌人の生年順に並べられているため、新しい時代へと変遷していく短歌の流れが、ページをめくりながら感じ取ることができる構成となっている。現役の編集者でもあった小高が客観的目線で捉えた各歌人の解説も、冷静かつフラットで、それぞれの世界観の重要な部分を、端的にわかりやすく探っている。

「同時多発テロのように、衝撃的な映像をお茶の間でみることも可能な時代である。砂漠での戦闘が、テレビゲームのように解説される環境に、歌人はどのように三十一文字をもって立ち向かったらいいのだろうか。子規や晶子とはまったくちがった困難さのなかで、現代歌人は作歌活動をつづけている」と書く小高は、常に問題意識を持って時代を見据えていた。だが、自分の思想を一方的に押し付けるのではなく、短歌という表現を通じて一緒にこの時代について考えてみようとうながしているようにも感じられる。

「作品三十首に、歌人それぞれの個性は見事に映し出されている。何を、どう歌いたいのか。なにを考えているのか。姿もくっきりと屹立している。一首一首をていねいに味わっていただきたい」と、編者の切なる願いが込められいる。小高はその「個性」を際立たせるべく、その人生や人となりにも言及し、奥行きを持たせている。巻末に添えられた「現代・短歌年表」も圧巻である。

初めて短歌にふれる人は、この中から好きな作品、歌人を見つける手がかりになるだろう。又、長年短歌に関わっている者も、貴重な資料として何度も読み返している。現代の古今和歌集として必須の一冊なのである。

（東直子）

BEST SELECTION

切なくて、おかしくて、自由なつぶやき

書名――『カキフライが無いなら来なかった』
著者――せきしろ×又吉直樹

本の紹介
『去年ルノアールで』等の、自在に妄想を膨らませた小説を得意とするせきしろと、文学好きお笑い芸人として独自の世界観を展開する又吉直樹による、自由律俳句とエッセイと写真によるコラボレーション。

幻冬舎　２００９年６月（１３００円＋税）

【著者紹介】
せきしろ　１９７０年北海道生まれ。文筆家。エッセイ集『去年ルノアールで』、小説『不戦勝』（共にマガジンハウス）、共著に『偶然短歌』（飛鳥新社）等がある。

又吉直樹　１９８０年大阪生まれ。吉本興業所属のお笑い芸人。太宰治等の文学を愛好している。２０１５年『火花』で第１５３回芥川賞受賞。

本からの MESSAGE

間違えたビニール傘に知らない人の温もり　せきしろ

あの日叩き損ねた蚊はまだ生きているか　〃

へんなとこに米が入って取れない　又吉直樹

モータープールでは泳げないと知った夏の日　〃

「咳をしても一人」の尾崎放哉。「分け入つても分け入つても青い山」の種田山頭火。自由律俳句といえば、この二人を思い浮かべる。両者とも明治半ばに生まれ、秀才として故郷の期待を背負って上京し、名門大学を出たものの、飲酒癖等により失職し、最終的に家族を棄てて放蕩（ほうとう）生活を送る中で作品を作った。しかしその後長い間、世に出る自由律俳句作者は影を潜めていた。

そんな中、現代にふさわしい自由律俳句の作者として、「笑い」の文化圏から新しい才能が生まれた。せきしろと又吉直樹。二人とも、極日常的な一瞬を短い言葉ですくい取り、忘れられない一瞬として定着させる。その点では他の短詩型文学と共通しているが、自由律ならではのゆるさゆえの、素のままの心が伝わる素朴な感動がある。現代俳句は、基本的に五七五の定型を守った上で、季語や切れ字を入れ、伝統的な形式を守った上で作品として提出する。だが、自由律俳句には、型がない。作者本人が「これが自由律俳句だ」と主張すれば、それが自由律俳句になる。木綿でも、絹でも濾してきっちり固めない、ざる豆腐のような柔軟で新鮮な味わいがある。

間違えたビニール傘に知らない人の温もり　　せきしろ

コンビニエンスストアなどの傘立てにむぞうさにささっているたくさんのビニール傘。これだったかな、と握ると、その触感で自分のものではないと察知する。取るに足らない日常の一瞬。しかし、この俳句を詠むことで自分ではない人間の体感に触れた希有な一瞬へと変化したのだ。

魂が現実の刺激を受けてほろりとこぼした言葉たち。たしかにそうだ、と心が開き、過去の時間に新しい光が当たり、他人の人生にふと心を寄せ、ないがしろにしていたものに対する切なさが生じる。作品の傾向は似ているが、現実への繊細な気付きを柔軟に描くせきしろと、決めつけられているものへの戸惑いを静かに詠む又吉と、その違いを分析するのも楽しい。ふんだんに添えられた二人の手による写真とエッセイが、自由律俳句という心の浮標を滋味深く肉付けている。

（東直子）

BEST SELECTION

うごめくこの世界を言葉が泳ぐ

書名――『適切な世界の適切ならざる私』

著者――文月悠光

本の紹介

中学生より「現代詩手帖」や「詩学」に投稿し、十六歳で現代詩手帖賞を受けるなど、十代から注目を集めていた著者の第一詩集。学校生活、家族、街の風景など、世界のすべてが渾沌とゆらぐ中を模索し、生きていく術を希求する。

思潮社　２００９年10月　（２０００円＋税）

【著者紹介】

１９９１年、北海道生まれ。詩人。高校三年時の２００９年に第一詩集『適切な世界の適切ならざる私』を上梓して、中原中也賞と丸山豊記念現代詩賞を過去最年少十八歳で、それぞれ受賞する。エッセイ集に『洗礼ダイアリー』（ポプラ社）。

本からの
MESSAGE

この水脈のたどりつく先が
誰かの渇いた左胸であれば、
私もまた、取り戻せるものがある。
取り戻すための入り口が
まぶたの裏に見えてくる。

　作者は、生きてこの世の空気に触れていることが、気味がわるくてしかたがないのだろうなあ、と思う。といってこの気味の悪い世界を、厭世的気分に逃げ込んでしまうのではなく、こんな世界許せない、蹴ってやる、粉々にしてやる、と反抗的な態度に出るわけでもない。きちんと理知的に気味悪い世界を泳ごうとしている。
「適切な世界」とは、普遍的な学校生活を送る一人の少女の世界である。そこに書かれている場所や情景の数行、あるいは一フレーズは、散文的に理解はできるので、ぼんやりながめているうちは、学校のことが書いてあるらしいと、あるなつかしさを持って詩の世界に近づいていくのだが、近づけば近づくほど混乱してくる。理解できていた部分と部分が、通路もはさまずに、強引に、ぬるっと奇妙につながる。あっという間に迷子になる。でもそれは、わけがわからない、というのではない。この感じは、身に覚えがある気がする。こういうふうな感覚の中に、自分も立っていた気がする、というたくさんの「気がする」に触れるのである。

　明けがたに見る悪夢。「気がする」の正体を考えたとき、それが一番近いような気がした。自分を取り囲む世界を信じて疑わずに過ごしていたら、え、それはないよね、信じられないうそでしょう、と思うことが既成事実として次々にふりかかってくるし、思いも寄らない取り返しがつかなくなりそうな大胆な行動を取ってしまう。悪夢ならばそこで夢が覚めて終わりになるのだが、この詩の世界には終わりがない。一遍の詩は数頁ののちに終わりを迎えはするのだが、とりあえず小休止をするだけで世界はうごめき続ける。なぜならこれは、夢として描かれたものではなく、あくまでも現実の感覚を描いたものだからである。だからなんだかよく分からなくて頭がヘンになりそうなのに、読みながら受け取る感覚は非常に生々しい。
　悪夢のように違和感のある世界から逃げるわけでも破壊するわけでもなく、ここにいるんだよ、と、とにかく発言しながら、羊水に浮かぶように、現実の世界に存在することを受け入れている。世界に浮かぶための羊水が、詩に注ぎ込んだ言葉そのものなのだろう。

（東直子）

BEST SELECTION

思考する幻想世界

書名――『鈴を産むひばり』

著者――光森裕樹

本の紹介

現在盛り上がりを見せている全国の学生短歌会。このブームの先駆けともいえる世代の代表的な存在である作者の第一歌集。現実の風景からふっと異空間へ誘われる作品には、不思議さとクールな感覚とが共存している。

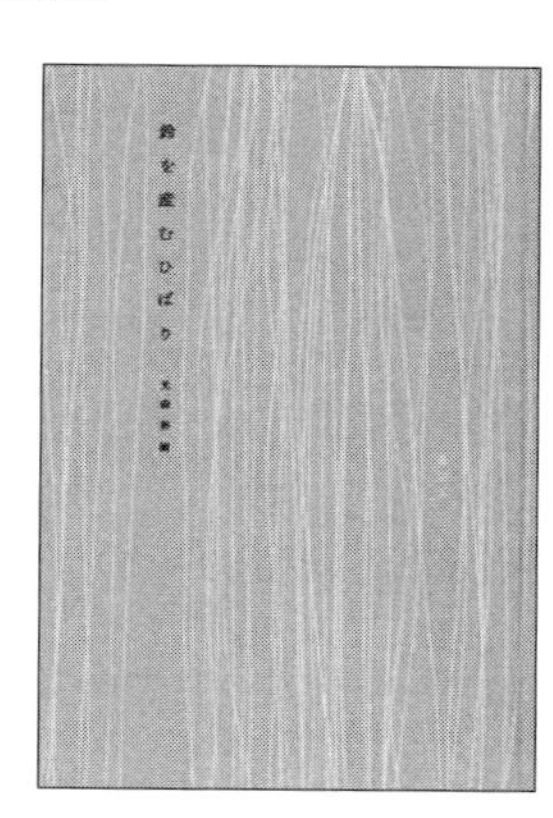

港の人　2010年8月　(2200円＋税)

【著者紹介】

1979年、兵庫県生まれ。京都大学短歌会出身。2008年、「空の壁紙」で第54回角川短歌賞受賞。2011年『鈴を産むひばり』（港の人）で第55回現代歌人協会賞受賞。その他に歌集『山椒魚が飛んだ日』（書肆侃侃房）等。石垣島在住。

本からの MESSAGE

鈴を産むひばりが逃げたとねえさんが云ふでもこれでいいよねと云ふ

金糸雀（かなりあ）の喉の仏をはめてから鉱石ラヂオはいたく熱持つ

明日はどの街にてめぐる移動式回転木馬のくしざしの馬

ドアに鍵強くさしこむこの深さ人ならば死に至るふかさか

角川短歌賞受賞作となった五十首連作「空の壁紙」の一首である。鍵穴にさしこむ鍵から人の体にささるナイフを想起し、命に関わるかどうかを冷静に考えている。ほとんど無意識に行っている鍵を使う行為と、人為的な「死」を結びつけることによって無意識の中に潜む殺意を匂わせ、それまで見えていなかった日常の中の闇を浮き彫りにしている。このように、なんらかの接点から日常と非日常をつなぐ歌は、理知的な観点と想像力とが同時に駆使されている。それが光森作品の特徴でもあると思う。

鈴を産むひばりが逃げたとねえさんが云ふでもこれでいいよねと云ふ

表題作となったこの歌は、先ほどの歌に比べてフィクション性が高い。郷愁を誘う童話の一番面のようである。「鈴を産むひばり」とは何か。なぜ「ねえさん」は「これでいいよねと云ふ」のか、様々な謎の残る歌である。しかし、ほのかな切なさは感じられても、ウェットではない。それはそのようなものなのである、と「ひばり」も「ねえさん」も、それを聞いているらしい作中主体も納得しているようである。

明日はどの街にてめぐる移動式回転木馬のくしざしの馬

擦れちがふすべての靴の裏側がやさしく濡れてゐるといふこと

回転木馬がくしざしであるということ、雨の日の靴の裏側はすべて濡れているということ。やはり冷静な認識力がある。あとがきに、ある日目を止めた一匹の白い蛇を「正しく白かった」と解釈し、短歌を作ることについて「私はただ、闇の裂け目のような白い蛇を繰り返し描写してきただけのように感じる」と書く。つまり、鋭く覚醒した意識がつまびらかにすることで新たに開いた、少し不思議な世界が味わえる歌集なのである。（東直子）

BEST SELECTION

現代短歌の鬼才、穂村弘のベスト歌集

書名――『ラインマーカーズ』
著者――穂村弘
本の紹介
評論やエッセイ等でも各方面から話題を呼び、現代短歌をリードする穂村弘の短歌のベスト歌集。過去に出版された三冊の歌集からの抄出と、歌集未収録作品と書き下ろし作品を加えた四百首が収められている。

小学館　2003年5月（950円＋税）

【著者紹介】

1962年札幌生まれ。歌人・翻訳家・エッセイスト。1990年に歌集『シンジケート』でデビュー。短歌入門書、翻訳絵本などの著作多数。近年は『世界音痴』『もうおうちへかえりましょう』『現実入門』などのエッセイで更なる境地を開拓している。


高橋源一郎が「俵万智が三百万部売れたのなら、この歌集は三億部売れてもおかしくないのに」と書いた穂村弘の『シンジケート』は、斬新な言語感覚を歌壇に投げかけ、衝撃的なデビューを飾った。

その後、『短歌という爆弾』、『短歌はプロに訊け！』、『短歌があるじゃないか。』といった独自の論理が光る短歌入門書や『世界音痴』『もうおうちへかえりましょう』という、現代社会での生きがたさや女性に対する圧倒的なあこがれを描いたエッセイ集等で数々の話題を提供し続けている。

『ラインマーカーズ』は、その穂村弘の短歌の代表作が網羅されたベスト歌集である。過去に出版された三冊の歌集からの抄出と、個人歌集未収録作品、及び書き下ろし作品を含む四百首が収められている。

『シンジケート』に「あとがきにかえて」として添えられた「ごーふる」も全文掲載されている。それはこんな書きだしで始まる。

「十月のスケート場びらきの朝、友達みんなで滑りに行った。しばらく滑った後でスケート・リンクの横の飲み物を売っている所で休んでいたら、横で白い息を吐きながらホットカルピスを飲んでいた顔見知りの女が、急に私に向かって「カルピス飲むと白くておろおろした変なものが、口から出ない？」と、いった。私はとても驚いて、「でる。」と、反射的に答えながら、この女とつき合おうと心に決めていた。」

「白くておろおろしたもの」に気づき、言語化できる能力とそれに対する強い共感。従来理想とされてきた女性像とは全く違う魅力を放つ、新しい価値観の片鱗が垣間見える。

体温計くわえて窓に額つけ「ゆひら」とさわぐ雪のことかよ

終バスにふたりは眠る紫の〈降りますランプ〉に取り囲まれて

あ　かぶと虫まっぷたつ　と思ったら飛びたっただけ　夏の真ん中

ハロー夜。ハロー　静かな霜柱。ハロー　カップヌードルの海老たち。

「殺虫剤ばんばん浴びて死んだから魂の引取り手がないの」

夢の中では、光ることと喋ることはおなじこと。お会いしましょう

研ぎ澄まされた一行は、痛くて甘く、新しくて、なつかしく、おかしくて、切ない。

（東直子）

BEST SELECTION

短歌を口ずさみたくなる一冊

書名――『かんたん短歌の作り方』
著者――枡野浩一（ますのこういち）
本の紹介
NHKの生放送番組に寄せられた短歌をもとに、著者独自の「短歌にすれば、その思いは言える」作歌方法を、軽快な文章と南Q太のポップなイラストで具体的に示唆してくれる、全く新しい短歌入門書。

筑摩書房　2000年12月（1300円+税）
【著者紹介】
歌人。短歌以外にも作詞、現代詩、小説など幅広く活動。短歌集『てのりくじら』はロングセラーに。短歌指導にも定評がある。

「簡単な言葉だけでつくられているのに、読むと思わず感嘆してしまうような短歌。／……それが、私のめざしている「かんたん短歌」です。」と、冒頭で著者は述べている。

月に一度、NHKで生放送されていた「かんたん短歌塾」に寄せられた短歌の投稿作品について、感想を述べつつ、どこをどうしたらよりよくなるかを、一つひとつ丁寧に指南したものを中心に構成されている。

そこから、著者独自の短歌観や方法論が詳細に伝わり、全く短歌を作ったことのない人も、自分も作ってみたい！　と思ってしまう一冊だろう。

目次を読んだだけでも、なにかしら会得したような気になってしまう。

「短歌以外の形式で表現したほうが面白くなる内容のものは、短歌にしては駄目です。」
「自分と同じ経験をしていない人にこの表現は通じるか？　と、常に自問してください。」
「共感を呼ぶ題材を見つけただけで終わってしまっている、というのが、世間によくある駄目短歌なんです。」

等、言い得て妙なタイトルばかりである。
「短歌入門書」と言えば、固いイメージを持っている人が多いと思うが、この本の文体はたいへん軽快で、少し毒を含んだユーモアに充ちていて、楽しく、読みやすい。たとえばこんなふうに。

「好きな人いない時にはドリカムの歌はただただうっとうしいだけ　　柳澤真実

……すばらしい。とくに後半、字余りにすることでさりげなくドリカムのうっとうしさを強調したあたり、見事な攻撃です。
ただ、この短歌の課題は、「恋人がいる時だってドリカムは超うっとうしい」と思っている人を、どう納得させるか、ですね。たとえば、

好きな人できたとたんにカラオケでドリカムばっか歌うなバーカ

とか、ちょうど逆の立場から歌うのも効果的です。視点を動かしつつ、あれこれ自分で工夫してみてください。」

ドリカムファンの怒りを買いそうだが、特定のイメージを持つ固有名詞の生かし方、比喩表現を新鮮に見せる独自の角度の加え方等、短歌を新鮮に見せる独自の基本的な技法へのヒントが、さりげなく詰まっている。

（東直子）

BEST SELECTION

時代が生んだ固有名詞の力を生かす

書名――『抒情の奇妙な冒険』

著者――笹公人（ささきみひと）

本の紹介

一九七五年生まれの作者が、一九八〇年代に青春を送った人物を主人公にして短歌をつくり、昭和という時代を再構築しようとした斬新な試みの歌集。幅広い知識を駆使することによって、時代へのノスタルジーとおかしみ、哀しみが醸し出される。

早川書房　2008年3月（1300円＋税）

【著者紹介】

1975年生まれ。寺山修司の短歌の影響で作歌を始める。1999年、未来短歌会に入会。岡井隆氏に師事。2004年、未来年間賞を受賞。NHK学園講師。大正大学客員准教授。

本からの MESSAGE

しのびよる闇に背を向けかき混ぜたメンコの極彩色こそ未来

カミナリが駄菓子屋めがけて落ちてゆく夏の終わりの君の約束

『念力家族』『念力姫』『念力図鑑』という名の歌集（『念力姫』は短歌も含むバラエティー集）で、これまでの短歌にはほとんど見られなかったSFやオカルトを題材にした作品を発表し、歌壇を仰天させた笹公人。

そこには、パロディーやブラックユーモアにくるまれた人間の業が客観的に描かれ、おかしみと哀しみを同時に感じさせてくれた。この三冊で念力シリーズを完結させ、次に打ち出してきたのが「抒情」である。

タイトルは、人気漫画『ジョジョの奇妙な冒険』をもじったものだが、作品の多くに固有名詞を積極的に取り入れ、昭和という過去の時代への好奇心とオマージュに充ちあふれている。

大きなる手があらわれてちゃぶ台にタワーの模型を置きにけるかも

泣き濡れてジャミラのように溶けてゆく母を見ていた十五歳の夜に

花子さんの手をふりほどき逃げてきた少女の髪は焚き火のにおい

一首目は、先頃上映され話題になった映画「ALWAYS 三丁目の夕日」をベースにした一連の中の作品。ちゃぶ台がポイントだが、北原白秋の「大きなる手があらはれて昼深し上から卵をつかみけるかも」の本歌取りでもある。

二首目の「ジャミラ」は、ウルトラマンの怪獣（元宇宙飛行士）で、哀しい叫びを上げながら水に溶けて死んでいく様子と、ただならぬ母の姿が重なった。尾崎豊の歌も意識されている。

三首目は、「トイレの花子さん」などと呼ばれ、公共施設に現れる少女幽霊の都市伝説がモチーフ。「焚き火」は「焼死」を予感させ、たいへん怖い。

このように、世界に散らばるありとあらゆる文化を巧みに取り入れつつ、自分が未体験の時代をも、抒情という幕の中に入れて作品を形成している。大衆的目線の、作品への消化方法が新しい。

聖子ちゃんカットの群れはまぼろしか　炎暑の竹下通りを過ぎる

（東直子）

執筆者プロフィル
（敬称略・五十音順）

兼森理恵

書店員。一九九九年ジュンク堂書店入社。池袋本店、新宿店を経て、現在、丸善・丸の内本店勤務。児童書担当。

三辺律子

英米文学翻訳家。訳書に、クリス・ダレーシー作『龍のすむ家』、H．G．スローン作『世界を7で数えたら』、キャンデス・フレミング作『ぼくが死んだ日』、クリス・プリーストリー作『モンタギューおじさんの怖い話』などがある。

鈴木宏枝

白鴎大学教育学部准教授、博士（文学）。関心は絵本からファンタジーまで幅広い。『今すぐ読みたい！10代のためのYAブックガイド150！』（ポプラ社）『いま、子どもに読ませたい本』（七つ森書館）など共著書多数。

豊﨑由美

「本の雑誌」「文藝」等の雑誌に書評を中心に連載。『そんなに読んで、どうするの？』のほか、共著に『文学賞メッタ斬り！』『文学賞メッタ斬り！　リターンズ』『百年の誤読』等がある。

西村醇子

関東学院大学ほか非常勤講師、日本イギリス児童文学会理事、訳書『魔法使いハウルと火の悪魔』（徳間書店）、『オックスフォード世界児童文学百科』（共訳、原書房）、著書『英米児童文学ガイド』（共著、研究社）、『英米児童文学の宇宙』（共著、ミネルヴァ書房）など。

東直子

歌人、作家。一九九六年「草かんむりの訪問者」で第7回歌壇賞、二〇一六年『いとの森の家』で第31回坪田譲治文学賞受賞。歌集に『青卵』『十階』など、小説に『とりつくしま』『晴れ女の耳』、エッセイ集に『七つ空、二つ水』などがある。

ひこ・田中

児童文学作家、梅光学院大学教授。『お引越し』（椋鳩十児童文学賞）や『ごめん』（産経児童出版文化賞JR賞受賞）は映画化されている。

平岡敦

フランス文学翻訳家、中央大学講師。訳書にシャン・サ作『碁を打つ女』、モーリス・ルブラン作『奇岩城』、グランジェ作『クリムゾン・リバー』『コウノトリの道』などがある。

松村由利子

歌人、フリーライター。著書に『少年少女のための文学全集があったころ』（人文書院）、『短歌を詠む科学者たち』（春秋社）など。子どもの本の創作、翻訳なども手がける。

光森優子

書籍編集者。現在KADOKAWAで文芸書・翻訳書を担当。

森絵都

一九九〇年、『リズム』でデビュー。『宇宙のみなしご』『カラフル』『永遠の出口』『DIVE!!』などの話題作を世に送り出す。『風に舞いあがるビニールシート』で直木賞受賞。

森口泉

書店員。一九九四年ジュンク堂書店神戸北町店アルバイト入社。天満橋店、難波店を経て、現在MARUZEN&ジュンク堂書店梅田店勤務。児童書担当。

目黒強

児童文学研究者、神戸大学大学院准教授。「マルチメディアという居場所」（『日本児童文学』二〇〇五年7—8月号）で第2回日本児童文学者協会評論新人賞受賞。論文以外にも、評論を多数手がける。

安竹希光恵

白百合女子大学大学院で児童 文学を専攻、満期退学。元図書館司書。児童書に限らず、子どもの心を描いた作品に興味がある。

あとがき

本書で紹介文を担当したのは、作家、歌人、詩人、書評子、編集者、翻訳家、書店員、図書館員など、いろいろな人。趣味も性格も、年齢も体型も様々だが、本好きという一点では共通している。そして本を見る目に関して、ぼくが心から信頼しているという点でも共通している。


個人のブックガイドとして、図書館のヤングアダルトサービスの参考として、書店の棚作りの助けとして、活用していただければうれしい。

ただし、対象はヤングアダルト、つまり中高生、大学生だ。もちろん親子でいっしょに読んで楽しい作品もあるが、逆に、子どもは親に隠れて、親は子どもに隠れて、読むべき本もある。物心ついてからの読書というのは、そういうものだと思う。

『12歳からの読書案内』『12歳からの読書案内　海外作品』『とれたて！　ベストセレクション　12歳からの読書案内』の三冊から、どの作品を残すか検討する際に調べて驚いたのが、絶版になっている本の多いことだ。「まさか、この本が！」と叫びたくなることもあった。せめてここで紹介した作品は、あと十年くらいは書店で買えるようにしてほしいと思う。

二〇一七年四月二十一日

金原瑞人

＊本書は主に書き下ろしですが、新聞、雑誌などに掲載した文章に加筆、修正を加えているものも含みます。

金原瑞人［監修］による12歳からの読書案内
多感な時期に読みたい100冊

2017年 5 月26日　　第1刷発行

監　修――金原瑞人

発行者――徳留慶太郎

発行所――株式会社すばる舎

東京都豊島区東池袋3-9-7 東池袋織本ビル　〒170-0013

TEL　03-3981-8651（代表）　03-3981-0767（営業部）

振替　00140-7-116563

http://www.subarusya.jp/

印　刷――株式会社シナノ

落丁・乱丁本はお取り替えいたします

ISBN978-4-7991-0609-9